Rudolf von Jhering

Der Streit zwischen Basel-Land und Basel-Stadt

über die Festungswerke der Stadt Basel

Rudolf von Jhering

Der Streit zwischen Basel-Land und Basel-Stadt
über die Festungswerke der Stadt Basel

ISBN/EAN: 9783743376656

Hergestellt in Europa, USA, Kanada, Australien, Japan

Cover: Foto ©ninafisch / pixelio.de

Rudolf von Jhering

Der Streit zwischen Basel-Land und Basel-Stadt

Der Streit
zwischen
Basel-Land und Basel-Stadt
über
die Festungswerke der Stadt Basel.

Ein Rechtsgutachten

von

Rudolph Ihering,
Geh. Justiz-Rath und Professor zu Gießen.

Leipzig, Breitkopf und Härtel.

Vorwort.

Das folgende Rechtsgutachten, welches ich im Auftrag der Hohen Regierung des Cantons Basel-Stadt zu erstatten die Ehre gehabt habe, betrifft einen Streit, der durch das hohe Interesse, welches sich daran knüpft, in der Schweiz die lebhafteste Aufmerksamkeit erregt hat, und dessen Entscheidung durch das schweizerische Bundesgericht man dort mit großer Spannung entgegen sieht. Das specifisch juristische Interesse des Streits ist meiner Ansicht nach nicht gerade bedeutend; es handelt sich in demselben weniger um Schwierigkeiten in der Auffindung und Anwendung der eingreifenden Rechtssätze, als um Widerlegung der künstlichen Deductionen, durch die Herr Professor Rüttimann in Zürich die Ansprüche von Basel-Land zu begründen versucht hat. Die Achtung, die ich im Übrigen vor dem wissenschaftlichen Namen dieses Gelehrten habe, der der juristischen Welt als Verfasser eines verdienstlichen Werks über den englischen Civilproceß (Leipzig 1851) und sonstiger Arbeiten bekannt ist, sowie die Verpflichtung zur Respectirung fremder Überzeugungen haben mich nicht abhalten können und dürfen, die Schwäche und Unhaltbarkeit der Rüttimann'schen Argumente ohne Schonung und Rückhalt bloß zu legen. Wäre das Gutachten ausschließlich für Fachmänner bestimmt, so würde ich ihm eine andere Fassung gegeben haben, als ich es bei dem weiteren Zweck, den ich demselben gesteckt habe, thun konnte. Derselbe geht nämlich dahin, auch das nichtjuristische Publikum der Schweiz über die maßgebenden Rechtsgrundsätze bei der Prüfung und Beurtheilung dieser Streitsache aufzuklären, und dieser Zweck bedingt und rechtfertigt eine andere Form der Darstellung als der eines lediglich für Rechtsgelehrte bestimmten Gutachtens. Daß ich mir aber diesen Zweck gesetzt habe, ist lediglich mein eigner freier Entschluß; die Hohe Regierung der Basel-Stadt hat mir in dieser Beziehung, wie in jeder anderen, völlig freie Hand gelassen und nicht einmal einen darauf gerichteten Wunsch zu erkennen gegeben; ich habe es aber gethan, weil es mir bei dem Antheil, den die öffentliche Meinung der Schweiz an dem Proceß einmal genommen hat, im Interesse der Sache geboten schien, und ich nach dieser Seite hin um so weniger etwas vernachlässigen wollte, als ich selbst bei der Anhänglichkeit, die ich als ehemaliger Baseler Professor der Stadt Basel bewahrt habe, persönlich den lebhaftesten Antheil daran nehme, daß das gute Recht von Basel-Sadt triumphire.

Gießen, 12. Februar 1862.

Geschichtserzählung.

§. 1.

Nach Auflösung des früheren Cantons Basel in die beiden Cantone Basel-Stadt und Basel-Land wurde durch Beschluß der Tagsatzung vom 26. August 1833 ein Schiedsgericht angeordnet, welches das gesammte Staatseigenthum nach einem billigen Fuß unter beide neugebildeten Cantone zu vertheilen hatte. Zu den von Basel-Land als Staatseigenthum in Anspruch genommenen Gegenständen gehörten auch die um die Stadt Basel gelegenen Festungswerke, Schanzen, Gräben u. s. w. Das Schiedsgericht erkannte bei getheilten Stimmen der Schiedsrichter durch Entscheid des Obmanns*) unter dem 19. November 1833 dahin**), „daß die Verfügung über „die fraglichen Festungswerke einzig dem Canton Basel-Stadt zustehe „und dieselben sonach ihrer Substanz nach von dem Vermögen des in Thei„lung begriffenen Staatsvermögens ausgeschlossen seien, für den Fall je„doch, daß durch die zuständige Behörde des Cantons Basel-Stadt die „Schleifung der Festungswerke verfügt und dadurch nach Abzug der Kosten „wirkliches Staatsvermögen begründet werden sollte, dem Canton Basel„Land sein Recht daran in gleichem Verhältniß, wie bei der gegenwär„tigen Theilung des Staatsguts Antheil zu nehmen vorbehalten sein solle." In den Entscheidungsgründen des Urtheils wird dies in folgender Weise gerechtfertigt: „Unter den Gegenständen, über welche dem Staat das Recht

---

*) Obmann und Verfasser jenes Urtheils war der im Jahre 1860 als Professor in Berlin verstorbene Keller, damals Professor in Zürich und zugleich Präsident des dortigen Obergerichts — ein Umstand, der für die Beurtheilung des ganzen Streits nicht ohne Einfluß ist, wie in der unten zu erwähnenden Broschüre III mit Recht hervorgehoben wird.

**) Das Urtheil ist im Anhange (S. 49 u. fl.) abgedruckt:

der Verfügung und des Gebrauchs zukömmt, besteht ein wesentlicher Unterschied zwischen solchen, welche als einfaches fiskalisches Eigenthum erscheinen und in dieser Eigenschaft gleich jedem Eigenthum dem bürgerlichen Verkehr unterliegen oder desselben wenigstens fähig sind, wohin z. B. das dem Staat gehörende baare Geld und alle gewöhnlichen Vermögensstücke zu zählen sind, und solchen, welche nach Wesen und Individualität in Rücksicht auf Verfügung, Veräußerung, Nutzung, kurz in jeder Beziehung dem bürgerlichen Verkehr entzogen und desselben unfähig sind und nur durch Aufhebung ihres Wesens und ihrer Individualität zum Gegenstand desselben gemacht werden können, wohin z. B. die öffentlichen Gewässer, Straßen, Brücken u. dergl. gehören. Nur die Gegenstände der ersten Art können dem eigentlichen Eigenthum oder Vermögen des Staats beigezählt werden, während bei denen der letzten Art das Recht des Staats sich zu einem reinen Hoheitsrecht gestaltet. Eben aus diesem Grunde können bei einer Theilung des Staatsvermögens letztere nicht in Betracht kommen, dieselben gehen vielmehr mit allen anderen dem Staat zustehenden Hoheitsrechten von selbst an denjenigen Theil über, in dessen Gebiet sie sich befinden. Zu ihnen gehören auch Schanzen und andere Festungswerke, indem sie ohne ihre ganze Natur und ihr ganzes Wesen, wonach sie zunächst zum Schutz der anliegenden Oertlichkeit bestimmt sind, abzulegen, nicht als Gegenstand des bürgerlichen Verkehrs, weder in Beziehung auf Theilung, noch auf anderweite Veräußerung, noch auf Benutzung gedacht, folglich auch nicht in einem Geld- oder Tauschwerth ausgedrückt werden können." Der zu Gunsten von Basel-Land gemachte Vorbehalt im Fall der angegebenen Veränderung der Festungswerke wird damit gerechtfertigt, „daß es nicht bloß als denkbar, sondern nach vielfachen Erfahrungen der neueren Zeit als eine naheliegende Möglichkeit erscheine, daß Festungswerke geschleift und die dazu gewidmeten Grundstücke in gewöhnliche Vermögensstücke verwandelt und zum Gegenstand des bürgerlichen Verkehrs gemacht würden, der Grad der Wahrscheinlichkeit jener Veränderung sich jedoch nicht in der Art berechnen lasse, daß daraus ein einen bestimmten Geldwerth ausdrückendes Resultat sich ziehen lasse, in dieser Beziehung folglich nichts Anderes übrig bleibe, als dem Canton Basel-Land auf jenen möglichen Fall hin seine Rechte so, wie wenn derselbe jetzt schon eingetreten wäre, vorzubehalten."

Seit jener Zeit sind bis 1858 mit den an Basel-Stadt überlassenen Festungswerken auf Anordnung der zuständigen Behörden verschiedene Veränderungen getroffen worden, welche sich in dem Gutachten von Keller (I. S. 4—6) genauer angegeben finden. Es wurden Theile der Gräben, Mauern, Wälle ausgefüllt, abgegraben und hinausgeschoben, ohne daß dadurch ein pekuniärer Vortheil für den Fiscus erzielt worden wäre, denn das gewonnene Terrain wurde theils zu Straßen, Durchfahrten u. s. w. verwandt, theils aber insoweit daraus Bauplätze hergestellt wurden, betrugen die Kosten mehr, als der Werth derselben.

Zu diesen Maßregeln fügte das Jahr 1859 ein von dem Großen Rath des Cantons erlassenes Gesetz über die Erweiterung der Stadt, welches den Kleinen Rath ermächtigt (mit Ausnahme gewisser näher bezeichneter Theile der Festungswerke) „zur Herstellung angemessener Verbindungen zwischen den äußern neuen Quartieren und der innern Stadt durch Straßen und öffentliche Plätze, da wo es das Bedürfniß erheischt und die Verhältnisse es passend erscheinen lassen, die Stadtgraben je nach seinem Ermessen auszufüllen und neue Stadteingänge herzustellen, auch die bisherigen Stadtmauern nebst daran liegenden Schanzen ganz oder theilweise zu beseitigen."

Schon im Jahr 1858 hatte der Canton Basel-Land aus Anlaß der bis dahin vorgenommenen Veränderungen mit den Festungswerken eine Commission mit Untersuchung der Frage beauftragt, wie man sich von Seiten der Landschaft dem gegenüber zu verhalten habe. Die Commission erstattete ihren Bericht dahin, daß das dem Canton Basel-Stadt vorbehaltene Verfügungsrecht mit dem Moment, wo die Festungswerke als solche aufhörten, zu Ende gehe; dieser Moment sei jetzt eingetreten, nachdem die Festungswerke zum Theil geschleift, die noch übrigen jetzt ohne Zusammenhang dastehenden aber ihre Bedeutung als Festungswerke völlig verloren hätten. Die Frage, ob über die Schleifungskosten hinaus sich ein reeller Werth ergeben werde, sei für das Rechtsverhältniß völlig gleichgültig. Wenn man in Basel glaube, daß die Ansprüche von Basel-Land dadurch eludirt werden könnten, daß man aus dem Terrain Promenaden, Anlagen u. s. w. zur freien Benutzung des Publikums mache, so sei dies irrig, indem die Klage von Basel-Land mit dem Moment der Schleifung der Festungswerke ins Leben gerufen sei, und alle weiteren Verfügungen von Basel-Stadt Eingriffe in das Recht von Basel-Land enthielten.

Von Seiten des Cantons Basel-Land wurde der Professor Rüttimann in Zürich mit Abfassung eines Rechtsgutachtens beauftragt, welches von ihm unter dem 22. August 1859 ganz zu Gunsten dieser Ansprüche erstattet wurde*).

Derselbe schlug zu dem Ende den Weg ein, dem Canton Basel-Land an den Festungswerken ein Miteigenthum zu vindiciren, welches zwar nach Absicht des Schiedsgerichts so lange, als die Festungswerke ihrer ursprünglichen Bestimmung dienten, nicht zur Wirksamkeit habe gelangen sollen, dagegen sofort in Wirksamkeit trete, sowie die Festungswerke ihrer Bestimmung entfremdet würden. Zu diesem Zweck sei der **Beschluß** der Schleifung genügend, der **Ausführung** desselben bedürfe es nicht. Vermöge dieses Miteigenthums stehe dem Canton Basel-Land das Recht zu, auf Theilung zu bringen und Basel-Stadt einseitige Verfügungen zu untersagen.

Um dieselbe Zeit war Keller in Berlin von der Regierung von Basel-Stadt aufgefordert, sich über die von Seiten Basel-Land etwa zu besorgenden Ansprüche wegen der Festungswerke gutachtlich zu äußern. Es waren demselben namentlich folgende zwei Fragen gestellt worden:

1) Ob die Verwendung des durch Schleifung der Festungswerke gewonnenen Terrains zu Straßen, öffentlichen Plätzen u. s. w. unter den in dem schiedsrichterlichen Urtheil aufgestellten Gesichtspunkt einer Begründung von „wirklichem Staatsvermögen" falle oder nicht, welche Frage Keller verneinte, indem derartige Straßen, Plätze u. s. w. sich nicht als fiskalisches Eigenthum, sondern als Sachen derselben Gattung darstellten, zu der die Festungswerke gehörten, nämlich Sachen außer dem Verkehr.

2) Ob die Verfügung über die fraglichen Festungswerke, also auch deren Verwandlung in Straßen oder Bauplätze u. s. w., einzig dem Canton Basel-Stadt zustehe, welche Frage bejaht wurde.

---

*) Dasselbe ist in der (fortan als Nr. II citirten) Brochüre „Nachtrag zu dem Gutachten, betreffend die Baseler Festungswerke und Erwiederung auf die Bemerkungen des Geheimen Justizraths und Professors F. L. v. Keller in Berlin, Zürich 1860" als Anhang I S. 39—58 abgedruckt.

Das Rüttimann'sche Gutachten veranlaßte Keller, sich noch ein zweites Mal über die Frage zu äußern*), indem er die in jenem versuchte Deduction einer stellenweise recht scharfen Kritik unterwarf, worauf Rüttimann in einem „Nachtrag zu dem Gutachten, betreffend u. s. w." mit dem Versuch einer ausführlicheren Begründung seiner Ansicht antwortete**). Inzwischen ist jetzt von Basel-Land bei dem Bundesgericht Klage erhoben und dadurch der Streit in ein Stadium gerückt worden, dessen fernerem Verlauf und schließlicher Lösung mit erhöhtem Interesse auch außer dem Kreis der zunächst betheiligten zwei Cantone entgegengesehen wird.

Rechtliche Beurtheilung.

§. 2.
Die Differenz zwischen beiden Parteien.

Wie auf Grund der im Bisherigen dargestellten Thatsachen eine Klage von Basel-Land hat erhoben werden mögen, ist schwer begreiflich und wird auch durch die Deduction, mit der Herr Rüttimann diesen Anspruch zu begründen versucht hat, um nichts begreiflicher.

Zwar, wenn man das Urtheil des Schiedsgerichts von 1833 bei der vorliegenden Streitsache außer Acht lassen dürfte, so wäre es nicht schwer, für das Recht von Basel-Land das Wort zu führen, und es sollte uns ein Leichtes sein, in Kreisen, wo man sich nicht die Mühe nimmt, das Urtheil zu vergleichen, eine für Basel-Land günstige Ansicht von der Sache hervorzurufen. Es bedürfte dazu keines Weiteren, als der Ausführung folgender Sätze: Das Schiedsgericht hat Basel-Land einen eventuellen Anspruch an den Festungswerken gegeben — es hat damit eine Gemeinsamkeit des

---

*) Einige Bemerkungen über das Gutachten, betreffend die Rechte, welche dem Canton Basel-Land an den die Stadt Basel umgebenden Festungswerken zustehen. Sign. Dr. J. Rüttimann, Prof. Liestal 1859, abgedruckt in der Brochüre II als Anhang II von Seite 59—86.

**) Brochüre II. S. 1—38. Außer den beiden bisher genannten Brochuren ist noch von einem ungenannten Verfasser eine dritte erschienen, welche durch lichtvolle Darstellung des Standes der Streitsache und gesundes Urtheil Beachtung verdient und im Folgenden als Brochüre III citirt werden wird. Der Streit über das Eigenthum an den Festungswerken der Stadt Basel. Zürich 1861.

Rechts von Basel-Stadt und Basel-Land anerkannt — wie könnte Basel-Stadt, nachdem es einmal ausgesprochen, der Festungswerke als solcher nicht mehr bedürftig zu sein, einseitig Veränderungen mit denselben treffen, die den Anspruch von Basel-Land dem Erfolg nach vereiteln? Es ist nur nöthig, den Glauben an ein der Landschaft von vornherein zustehendes Recht an den Festungswerken hervorzurufen, um dem gegenwärtig erhobenen Anspruch von Basel-Land den Schein eines unzweifelhaften Rechts zu geben. Im Wesentlichen ist dies der Standpunkt des Rüttimann'schen Gutachtens, und es ist ein schlagendes Beispiel für die Macht einer vorgefaßten Meinung, daß der Verfasser desselben jene Ansicht mit dem Urtheil des Schiedsgerichts zu vereinigen gewußt hat.

Die Differenz zwischen beiden streitenden Theilen läßt sich auf einen einzigen Punkt zurückführen, nämlich auf die Frage nach dem Moment, mit dem der im Urtheil des Schiedsgerichts der Landschaft vorbehaltene Anspruch auf die Festungswerke zur Wirklichkeit gelangt. Nach der Meinung von Basel-Land ist dieser Moment negativ zu bestimmen — es ist der, wo die Festungswerke aufhören, Festungswerke zu sein, und sie haben aufgehört, es zu sein, seitdem durch Gesetz des Großen Raths ihre Schleifung verfügt worden ist; nach der Meinung von Basel-Stadt ist er positiv zu bestimmen — es ist der, wo die Festungswerke sich in „gewöhnliche Vermögensstücke" verwandelt haben. Ist die erste Meinung die richtige, so ergiebt sich von selbst, daß Basel-Stadt von diesem Moment an keine einseitigen Verfügungen über die Festungswerke mehr treffen darf; es muß vielmehr zu Allem die Zustimmung von Basel-Land eingeholt werden, und es versteht sich von selbst, daß Basel-Stadt durch Verwandlung der Festungswerke in öffentliche Anlagen jenen Anspruch nicht beseitigen kann. Ist diese Ansicht die richtige, so sind umgekehrt alle einseitigen Verfügungen von Basel-Stadt bis zu jenem Moment erlaubt, und es steht diesem Canton nicht bloß zu, für den Fall, daß er die Festungswerke in gewöhnliche Vermögensstücke zu verwandeln beschließt, die Art, wie dies geschehen soll, den dazu erforderlichen Aufwand u. s. w. für sich allein zu bestimmen, sondern auch durch Verwandlung der Festungswerke in andere öffentliche Sachen die Entstehung des Anspruchs von Basel-Land völlig abzuwenden. Die Entscheidung der beiden Fragen, welche seiner Zeit Keller zur gutachtlichen Beantwortung überwiesen waren, hängt demnach lediglich von der obigen Frage nach dem **Entstehungsmoment des klägerischen Rechts** ab.

Die Basis des ganzen Rechtsstreits bildet das Urtheil des Schiedsgerichts von 1833. Wie immerhin das Rechtsverhältniß an den Festungswerken auch vor diesem Urtheil beschaffen gewesen sein möge, und wie immerhin auch jenes Gericht hätte erkennen **sollen** — darüber kann kein Zweifel sein und existirt auch ein solcher unter den Parteien nicht: daß dieses Urtheil den alleinigen Grund für die Ansprüche von Basel-Land und mithin auch die Norm für die Entscheidung des gegenwärtigen Rechtsstreits bildet. Auch Herr Rüttimann erkennt diesen Satz ausdrücklich an; er scheint es jedoch für genügend erachtet zu haben, sich durch **wörtliche** Anerkennung ein für alle Mal mit ihm abzufinden, um ihn im Uebrigen thatsächlich außer Acht lassen zu können. In der That können wir seiner ganzen Deduction den Vorwurf nicht ersparen, daß sie in Form einer angeblichen Interpretation des Urtheils nicht sowohl den Inhalt, den dasselbe wirklich **hat**, wieder giebt, als vielmehr einen Inhalt construirt, den dasselbe haben **sollte** und — wir wollen es gern zugestehen — möglicher Weise hätte haben **können.** Der Weg, den er zu dem Zweck einschlägt, besteht darin, daß er dem dispositiven Theil des Urtheils statt der „Erwägungen", die der Verfasser desselben selbst mittheilt, andere substituirt, die sich auf die Idee eines von Anfang an beiden Cantonen gemeinschaftlich zustehenden Miteigenthums zurückführen lassen, und daß er sodann von dieser gewonnenen neuen Grundlage aus den dispositiven Theil des Urtheils rectificirt. Es erinnert uns dies Verfahren an den Fall, wo Jemand einen ihm von seinem Großvater zum Andenken geschenkten Stock, den er aus Pietät sich für verpflichtet hielt zu tragen, der aber im Lauf der Zeit aus der Mode gekommen war, mit derselben in Einklang brachte. Zunächst ließ er auf den Stock einen andern Knopf setzen: nach einiger Zeit überzeugte er sich aber, daß der Stock zu dem Knopf nicht mehr passe und ließ einen andern Stock darunter setzen — gleichwohl aber nannte er ihn immer noch den „Stock vom Großvater". Wenn Herr Rüttimann diesen rectificirten Stock für den ursprünglichen halten will, so wollen wir ihm auch unsererseits rücksichtlich seines rectificirten Urtheils denselben Gefallen erweisen. Bis dahin jedoch werden wir die völlige Verschiedenheit des ursprünglichen und des rectificirten Urtheils behaupten, und wir hoffen dies in Folgendem bis zur Evidenz nachzuweisen.

Es bedarf zum Zweck des richtigen Verständnisses jenes Urtheils keiner juristischen Kenntnisse, und wir würden keinen Anstand nehmen, die Entscheidung des vorliegenden Rechtsstreits einem lediglich aus Laien zusammengesetzten Gericht anzuvertrauen; allein da Herr Rüttimann, den wir uns fortan verstatten wollen als unsern Gegner zu bezeichnen, zur mehreren Unterstützung der von ihm vertretenen Sache, es für nöthig gefunden, die Jurisprudenz hineinzuziehen, so hat er auch uns damit die Nöthigung auferlegt, ihm auf das Gebiet der Jurisprudenz zu folgen, wenn auch nur zu dem Zweck, um zu zeigen, daß einer Sache, die in sich selbst keinen Halt hat, auch mit Hülfe der Jurisprudenz nicht aufzuhelfen ist. Da die Begriffe, deren er sich zu diesem Behuf bedient, dem römischen Recht entlehnt sind, nach unserer Ansicht aber unter seinen Händen eine Verwendung gefunden haben, welche ihrer inneren Natur widerstrebt, so legt uns dies die Verpflichtung auf, auf das römische Recht zurückzugehen, obschon dasselbe im Uebrigen für den vorliegenden Streit weder die Kraft einer unmittelbar anwendbaren Rechtsquelle besitzt, noch auch in seiner Eigenschaft als wissenschaftliches Hülfsmittel zur richtigen Entscheidung desselben herbeigezogen zu werden braucht.

Da der mir gewordene Auftrag nicht dahin geht, eine Widerlegung des Rüttimann'schen Gutachtens zu schreiben, vielmehr völlig frei und selbstständig meine rechtliche Ansicht über den gegenwärtigen Rechtsstreit zu äußern, so halte ich es weder für nöthig, jenes Gutachten nebst dem durch Keller's Kritik hervorgerufenen „Nachtrag" Satz für Satz zu beleuchten —, es wird dafür gesorgt werden, daß die Rüttimann'schen Gründe vollständig zu ihrem Recht kommen — noch auch mich bei der Anordnung des Stoffs durch den Gang jenes Gutachtens binden zu lassen. Ich halte es für das Zweckmäßigste, folgenden Gang einzuschlagen: zunächst den Standpunkt des schiedsrichterlichen Urtheils rücksichtlich der Frage von den Festungswerken ins rechte Licht zu setzen, sodann von dieser Grundlage aus folgende drei Fragen zu beantworten:

1) an welche Bedingung ist der Anspruch von Basel-Land geknüpft?

2) welcher Art ist dieser Anspruch?
3) welcher Art ist das Rechtsverhältniß der Festungswerke vor Eintritt der Bedingung?

§. 3.

Standpunkt des schiedsrichterlichen Urtheils rücksichtlich der Frage von den Festungswerken.

Ob das Schiedsgericht die Frage von den Festungswerken richtig entschieden hat, darüber läßt sich rechten; wir unsererseits glauben nicht, daß es, nachdem es dieselben einmal für öffentliche Sachen erklärt hatte, den Vorbehalt zu Gunsten von Basel-Land noch hätte machen dürfen. Nicht um die Kraft des Urtheils selbst im Mindesten damit anzutasten, sondern nur um die innere Unbilligkeit des Anspruchs, den Basel-Land augenblicklich erhebt, ins rechte Licht zu setzen, und damit denselben des täuschenden Scheins zu berauben, den es nicht schwer ist demselben zu geben, halten wir es für nöthig, auch auf diese Frage unten einzugehen, obgleich dieselbe für die rechtliche Beurtheilung jeder Bedeutung entbehrt.

Versetzen wir uns auf den Standpunkt, den das Gericht bei jener Frage einnahm. Derselbe war gegeben durch Aufstellung jener beiden oben bezeichneten Klassen von Gegenständen. In doppelter Beziehung nämlich hatte das Schiedsgericht damit der Frage von den Festungswerken präjudicirt, einmal nämlich rücksichtlich der Frage, zu welcher Klasse von Gegenständen die Festungswerke zu zählen seien, und sodann rücksichtlich der rechtlichen Folgen, die sich daran knüpfen.

Nur die eine Klasse von Gegenständen: diejenige, welche das Gericht als „einfaches, fiskalisches Eigenthum, wirkliches Staatsvermögen, ordentliche gewöhnliche Vermögensstücke" bezeichnete, bildete den Gegenstand des jenem Gericht gegebenen Theilungsauftrags; allein das logisch nothwendige negative Complement dieser Befugniß lag in der Macht, alle nach Ansicht des Gerichts nicht zur Theilung gehörigen Sachen davon auszuschließen, und die Urtheile des Gerichts erlangten nach dieser zweiten negativen Seite hin keine geringere Rechtskraft, als nach jener positiven Seite hin, sowie auch bei einem gewöhnlichen privatrechtlichen Theilungsproceß (judicium familiae herciscundae) der negative Ausspruch des Richters, daß die von der einen Partei in Anspruch genommene Sache nicht zur Masse gehöre, unter den Parteien nicht minder rechtskräftig wird, wie der die Theilung der Massegegenstände verfügende positive Ausspruch. Wie in diesem Fall, so fällt auch in jenem die positive und negative Entscheidung des Theilungsrichters unter einen völlig verschiedenen Gesichtspunkt. Bei der einen bildet das Urtheil den **positiven** Grund des zugesprochenen Rechts — das Recht ist vom Richter zugesprochen, d. h. zuertheilt, gewährt, gegeben (adjudicatio) — bei der andern ist durch den Richterspruch nur der Versuch, einen der **einen** Partei allein gehörigen Gegenstand zur Theilung zu ziehen, ein Angriff auf ihr Recht abgewiesen und zurückgeschlagen, das Recht selbst aber leitet die Partei nicht erst von diesem Richterspruch ab, sondern sie hatte es bereits, und der Richterspruch erkennt dies nur an.

Dies zu Grunde gelegt, ergiebt sich für alle negativen Entscheidungen des Schiedsgerichts in obigem Sinn folgender rechtliche Gesichtspunkt.

Erstens: Dieselben sind **unumstößlich**, mögen sie auch immerhin ein Object, das in Wirklichkeit zu den Theilungsgegenständen*) gehörte, fälschlich von der Theilung ausgeschlossen haben.

Zweitens: Der Canton, dem in dieser Weise ein Gegenstand zufällt, stützt juristisch sein Recht nicht auf Zuerkennung, mithin auch nicht auf Uebertragung von Miteigenthumsrechten des anderen Cantons, sondern er hat es, weil er es bisher hatte, d. h. weil der Gegenstand desselben in seinem Territorium liegt und nach Ansicht des Schiedsgerichts damit nothwendiger Weise ihm angehört, oder, wie Erwägung 4. es ausdrückt, die Gegenstände der zweiten Klasse „gehen **von selbst** und ohne weder einer Schätzung noch einem sonstigen Act des Theilungsverkehrs zu unterliegen, an denjenigen Theil, in dessen Gebiet sie sich befinden". Es wird nicht unersprießlich sein, sich auch mit dieser letzteren Ansicht des Schiedsgerichts zu befreunden, obschon auch sie gegenwärtig überall nicht mehr in Frage steht. Die obige Parallele mit einem gewöhnlichen Privattheilungsproceß möge auch

---

*) Ich werde diese fortan mit den Erwägungen 1—5 des Urtheils als Gegenstände der „ersten Klasse", die von der Theilung ausgenommenen aber als Gegenstände der „zweiten Klasse" bezeichnen.

hier zur Erläuterung dienen. Wenn ein Privatgrundstück vom Theilungsrichter in zwei Theile getheilt wird, so wird er darüber doch wohl keinen Moment im Zweifel sein, daß die auf jedem Theil befindlichen Bäume, Bäche und
die nur für diesen Theil bestimmten Servituten bei diesem Theil verbleiben
und Demjenigen zufallen müssen, dem er den Theil zuspricht*)! So konnten
auch bei der Theilung des Staatsvermögens des ursprünglichen Cantons
die auf dem Gebiet eines jeden der beiden Halbcantone befindlichen Flüsse,
öffentlichen Wege u. s. w. überall nicht zur Theilung herangezogen werden
(»nec in communi dividundo judicium veniunt«*); die Natur selber hatte
hier ein Miteigenthum und eine Theilung ausgeschlossen (»fundo [alterius]
cohaerent, [non] utriusque sunt«) und thatsächlich das daran Statt fin-
dende Rechtsverhältniß klar und deutlich bestimmt.

Stellte nun das Schiedsgericht die Festungswerke in die erste Klasse
von Gegenständen, so erkannte es damit den Begriff des fiskalischen Eigenthums als Platz greifend und folglich auch den des Miteigenthums als möglich an. Sprach es dieselben, wie es der gewöhnliche Theilungsrichter thun
kann und darf, dem einen Theil, hier Basel-Stadt, zu, gegen die Verpflichtung, den anderen Theil zu entschädigen, so implicirte es damit fol-
gendes juristische Successionsverhältniß: das Eigenthum hat ursprünglich
dem ganzen Canton zugestanden, ist sodann bei Auflösung des Cantons
auf die beiden Halb-Cantone übergegangen und schließlich dadurch in der
Hand von Basel-Stadt wieder vereinigt worden, daß der Miteigenthums-
antheil von Basel-Land durch Richterspruch auf Basel-Stadt übertragen
worden ist.

- Völlig anders mußte sich das ganze Verhältniß stellen, sowie der Theilungsrichter die Festungswerke für einen Gegenstand der zweiten Klasse
erklärte, und obschon Jeder die Consequenzen, die sich daran knüpfen, aus
dem Bisherigen mit Leichtigkeit entnehmen kann, so dürfen wir doch nicht
unterlassen, sie ausdrücklich und mit Nachdruck auszusprechen, weil gerade
hier die Darstellung Rüttimann's das richtige Verhältniß verwischt hat.

---

*) Im römischen Recht anerkannt in L. 19. §. 4. Comm. div. (10.3). in judicium
comm. div. non venire, ebenso rücksichtlich der auf beiden Theilen gemeinschaftlich gelegenen Sachen in L. 19. pr. ib. — quamdiu cohaeret fundo, e regione cujusque finium
utriusque sunt nec in comm. div. judicium veniunt.

Die Festungswerke in die zweite Klasse stellen, hieß vom Standpunkt des Gerichts aus nichts weniger, als erklären:
1) dieselben gehören gar nicht zur Theilungsmasse, an ihnen hat Basel-Land eben so wenig Antheil, wie an den öffentlichen Wegen u. s. w. im Gebiet des anderen Cantons;
2) an ihnen hat Basel-Land ein Recht niemals gehabt. Das Recht, das Basel-Stadt erhält, stützt sich mithin nicht auf Uebertragung von Theilrechten des anderen Cantons, sondern auf den für die öffentlichen Sachen aufgestellten Gesichtspunkt.

An diesem Resultat würde begreiflicher Weise auch die Deduction, daß die Festungswerke mit Unrecht zur zweiten Klasse gezählt worden seien, nichts ändern können; ob mit Recht oder Unrecht, kurz die Entscheidung war rechtskräftig, und damit stand fest, daß an diesen Sachen, so wenig wie ein eigentliches Eigenthum von Basel-Stadt, eben so wenig ein Miteigenthum von Basel-Land bis dahin Statt gefunden, noch fernerhin möglich sei.

Anstatt nun der ausgeführten Alternative sich zu fügen und dem Canton Basel-Land an den Festungswerken ein Recht entweder für immer und gänzlich abzusprechen, oder in derselben Weise, wie an den anderen Gegenständen des fiskalischen Eigenthums, zuzusprechen, schlug das Gericht einen vermittelnden Weg ein, indem es gewissermaßen beide Behandlungsweisen combinirte. Nicht zwar in der Weise, daß gleichzeitig die Festungswerke zu beiden Klassen gezählt und den für beide geltenden Grundsätzen unterstellt worden wären — das wäre ja widersinnig gewesen — sondern in der Weise, daß jene beiden Behandlungsweisen successiv zur Anwendung gelangen, nämlich bis zu einem gewissen Zeitpunkt die Festungswerke ausschließlich dem Canton Basel-Stadt, von da an aber, wir wollen in der Sprache unseres Gegners reden, beiden Cantonen gemeinschaftlich zustehen sollten. Kennt man nun die Gestalt nicht, die diese Combination im Urtheil an sich trägt, noch auch die Art der Begründung, die ihr der Richter in den „Erwägungen" giebt, so bietet sich von vornherein eine zwiefache Möglichkeit der Erklärung.

Die erste ist die, welche Herr Rüttimann vertheidigt, nämlich daß das Recht von Basel-Land an den Festungswerken als ein bereits jetzt vorhandenes vom Richter anerkannt worden sei, die Ausübung desselben aber auf den Zeitpunkt vertagt worden sei, wo die Festungswerke diese ihre Eigenschaft verloren hätten. In der Sprache des Urtheils ausgedrückt, hätte dies geheißen: die Festungswerke gehören zur ersten Klasse. Die Abweichung von der strengen Consequenz würde dann darin gelegen haben, daß man zu Gunsten von Basel-Stadt dem Recht von Basel-Land auf sofortige Theilung keine Folge gegeben hätte. Letzterer Canton würde hier mit Recht behaupten, daß er durch das Urtheil verkürzt worden sei, daß jede Concession an Basel-Stadt einen Raub an seinem Recht enthalten habe, die Verwandlung der Festungswerke in öffentliche Anlagen aber ein unbefugter Eingriff in die ihm vorbehaltenen Rechte sei.

Diese Ansicht ist, wie gesagt, so lange man das Urtheil nicht ansieht, vollkommen möglich und berechtigt; dem Urtheil gegenüber löst sie sich freilich in Nebel auf — denn für etwas Anderes können wir das, was unser Gegner zu ihrer Rechtfertigung vorgebracht, nicht erklären, und es bedarf keiner großen Kunst, um diese Nebel verschwinden zu machen und das Urtheil in seiner wahren Gestalt zu zeigen.

Letzteres weist die Festungswerke ausdrücklich der zweiten Klasse zu. „Schanzen und andere Festungswerke gehören der Hauptsache*) nach in die zweite der angeführten Klassen . . . . können nicht als Gegenstand des bürgerlichen Verkehrs, weder in Bezug auf Theilung, noch auf anderweitige Benutzung gedacht werden (Erwägung 5.); die Erwägung 6. stellt sie den „anerkannten Theilungsobjecten" gegenüber, die Erwägung 7 b. erwähnt die Möglichkeit, daß „die dazu gewidmeten Grundstücke in gewöhnliche Vermögensstücke verwandelt und zum Gegenstand des gewöhnlichen Verkehrs gemacht werden", die Erwägung 9. vergleicht dieselben mit anderen dem Verkehr entzogenen Gegenständen, und die Dispositive 3. verlangt endlich die Verfügung der Schleifung derselben, damit wirkliches Staatsvermögen begründet werden könne.

Ob Festungswerke zu den res extra commercium zu zählen sind, darüber wollen wir Niemanden seine abweichende Meinung verwehren; daß aber das Gericht dieselben nicht bloß in seine zweite Klasse von Gegenständen gesetzt hat, sondern von seinem Standpunkt aus setzen mußte, wird,

---

*) Der Gegensatz, der damit involvirt ist, wird aus Erwägung 7a. klar.

wenn man die Definition, die die Erw. 1. von dieser Klaffe aufstellt, ins Auge faßt, Niemanden zweifelhaft bleiben können, denn bisher möchte der Fall noch nicht vorgekommen sein, daß Festungswerke als solche „Object des bürgerlichen Verkehrs" gewesen sind, sie müssen vielmehr, um dies zu werden, wie Erwägung 5. sich ausdrückt, erst „ihre ganze Natur und Wesen u. s. w. ablegen."

Dem Richter nun die Idee eines trotzdem Basel-Land an den Festungswerken zustehenden Miteigenthums zu supponiren, bedeutet für ihn den Vorwurf, daß er den von ihm selbst aufgestellten Gegensatz der beiden Klassen und dessen Consequenzen nicht verstanden und nicht im Stand gewesen sei, seine selbst gemachten Regeln zu handhaben. In friedlicher Eintracht hätten in seiner Seele die beiden Gedanken neben einander gelegen: der eine, den er ausspricht, daß an den Gegenständen der zweiten Klasse ein Eigenthum juristisch unmöglich sei, und der andere, den er für sich behält, und den es erst Herrn Rüttimann gelungen ist in seiner Seele zu entdecken, daß an ihnen nicht allein Eigenthum, sondern sogar Miteigenthum möglich sei; denn wenn es an den Festungswerken möglich ist, so muß dasselbe für alle Gegenstände der zweiten Klasse gelten! Und der Richter, dem ein solches Probestück ärgster Gedankenverwirrung zugemuthet wird, war ein Mann, dem Niemand den Ruhm absprechen wird, einer der schärfsten und klarsten juristischen Denker unserer Zeit gewesen zu sein, und von dessen vorzüglichen Eigenschaften als Richter gerad: Herr Rüttimann in Zürich die nächste Gelegenheit hatte sich zu überzeugen. Der Umstand, der ihm seiner eigenen Erklärung zufolge diese Supposition nöthig zu machen schien, besteht in dem eventuellen Vorbehalt der Rechte von Basel-Land. Wir werden unten die Frage von der juristischen Construction dieses Vorbehalts, welche Rüttimann bei Keller vermißt, erörtern. Hier, wo es sich nicht um die, unseres Erachtens zum vollständigen Verständniß des Urtheils in keiner Weise erforderliche juristische Construction des Rechtsverhältnisses der Festungswerke, sondern einfach um den Inhalt dieses Urtheils handelt, ist jene Frage noch verfrüht. Dagegen wollen wir hier uns darüber Rechenschaft geben, was den Schiedsrichter zu diesem Vorbehalt veranlaßte, und wie er zu dem sonstigen Inhalt des Urtheils paßt.

Daß dieser Vorbehalt eine Abweichung von der strengen Consequenz zu

Gunsten von Basel-Land enthielt, wird wohl nicht bestritten werden. Rücksichtlich aller übrigen Gegenstände entschied der Richter die Frage, in welche der beiden Klassen sie gezählt, d. h. ob sie zur Theilung gezogen oder davon ausgeschlossen werden sollten, definitiv und ohne weiteren Vorbehalt, und er stellte sich dabei ganz auf den Standpunkt der Gegenwart, d. h. er entschied jene Frage nach der gegenwärtigen Beschaffenheit der Sache, ohne dabei der Möglichkeit einer etwaigen späteren Umwandlung derselben irgendwelchen Einfluß einzuräumen. Nur bei den Festungswerken machte er davon eine Ausnahme, welche er damit rechtfertigte, daß bei ihnen jene Möglichkeit gerade besonders „nahe liege". Wie wenig dieser Rechtfertigungsgrund die Probe aushält, bedarf wohl nicht der Ausführung. Wenn einmal jene Möglichkeit an sich und überhaupt keine rechtliche Beachtung verdiente, was änderte es daran, daß sie nahe lag, und wenn sie Berücksichtigung verdiente, was schadete es, daß sie fern lag? Und wenn bloß jenes „Naheliegen" ihr die Berücksichtigung verschaffte, warum wurde daraus nicht eine Bedingung gemacht und damit dem Resultat vorgebeugt, daß eine erst nach Jahrhunderten eintretende Realisirung jener Möglichkeit unter die Verfügung des Urtheils gebracht werden muß? Wollte der Richter die Möglichkeit des Uebergangs der Gegenstände aus der einen Klasse in die andere bei einem Gegenstand in Berücksichtigung ziehen, so forderte die Gerechtigkeit, es bei allen zu thun; wollte er es bei letzteren nicht, so durfte er es auch bei jenen nicht, kurzum, jener Vorbehalt ist ein Geschenk, das dem Canton Basel-Land auf Kosten von Basel-Stadt gemacht wurde, und weit entfernt, daß Basel-Land an dem Geschenk innerhalb des von Basel-Stadt behaupteten Umfangs zu wenig erhalten hätte, hat es umgekehrt zu viel erhalten.

Man mag nun darüber denken, wie man will, für die rechtliche Beurtheilung der Sache verschlägt dies nichts, obschon es im Uebrigen nicht überflüssig gewesen sein mag, den irrigen Vorstellungen von einem der Landschaft ursprünglich zustehenden Recht an den Festungswerken einmal die, wie es scheint, in Vergessenheit gerathene wirkliche ursprüngliche Bewandniß mit demselben entgegen zu halten. Für die rechtliche Beurtheilung ist einzig entscheidend die Frage, an welche Art der Veränderung der Festungswerke das Urtheil den Anspruch von Basel-Land geknüpft hat, ob lediglich an die negative Aufhebung derselben, oder die positive Verwandlung derselben in gewöhnliche Vermögensstücke. Wie man diese Frage überhaupt nur aufwerfen könne, wird dem, der das Urtheil unbefangen liest und jene Vorstellung von einem mächtigen basellandschaftlichen Recht nicht kennt, völlig unbegreiflich erscheinen. Das Urtheil setzt ja mit dürren Worten in Dispositive 3. als Bedingung „den Fall, daß durch die zuständige Behörde des Cantons Basel-Stadt die Schleifung der Festungswerke verfügt und dadurch nach Abzug der Kosten wirkliches Staatsvermögen begründet werden sollte." Hören wir, welche Auslegung diese Worte auf der anderen Seite gefunden haben!

§. 4.
An welche Bedingungen ist der Anspruch von Basel-Land geknüpft?

Herr Rüttimann vermag in jenen Worten nur eine einzige Bedingung zu entdecken, nämlich eines die Aufhebung der Festungswerke verfügenden Decrets der zuständigen Behörde, und vom Standpunkt seiner Auffassung aus darf er darin auch keine andere finden, denn, wenn die Festungswerke eigentlich beiden Cantonen gemeinschaftlich gehören und nur so lange aus besonderer Vergünstigung ohne Entschädigung dem einen Theil zugewiesen sind, als dieser dieselben als Festungswerke nöthig hat, so folgt daraus mit Nothwendigkeit, daß diese Vergünstigung ihr Ende erreichen und das Recht von Basel-Land zur Wirksamkeit gelangen muß, nicht erst, wenn dieselben geschleift sind, sondern schon, sobald sie durch Verfügung ihrer Schleifung von dem Berechtigten selbst als für ihn werth- und zwecklos anerkannt sind. Eben der Umstand aber, daß das Urtheil dieser Bedingung noch eine oder richtiger zwei andere mit jener Auffassung völlig unverträgliche hinzufügt, hätte Herrn Rüttimann belehren sollen, daß diese Auffassung mit dem Urtheil völlig unverträglich ist.

Diese beiden anderen Bedingungen sind:
die Begründung wirklichen Staatsvermögens und Ueberschuß des Werths desselben über die Gewinnungskosten.

Wenn Keller als erste der Bedingungen die Schleifung der Festungswerke bezeichnet, während das Urtheil selbst nur von einer die Schleifung aussprechenden „Verfügung" der zuständigen Behörde spricht, so rechtfertigt sich dies dadurch, daß die beiden andern Bedingungen, welche das Urtheil noch hinzufügt, implicite die Voraussetzung enthalten, daß das die Schleifung verfügende Decret wirklich ausgeführt worden sei. Gerade dies wird freilich von Herrn Rüttimann geläugnet; denn ihm zufolge ist die Begründung wirklichen Staatsvermögens, aus dem wir mit Keller die zweite Bedingung machen, eine nothwendige Folge der vorhergehenden — so wie die Schleifung verfügt ist, haben seiner Ansicht nach die Festungswerke ihre Eigenschaft als solche verloren und damit die von Gegenständen des gewöhnlichen Staatsvermögens angenommen. Das Urtheil hat also nur das noch ausdrücklich hervorgehoben, was sich schon von selbst versteht. Mit der dritten Bedingung aber ist keine wirkliche Bedingung, sondern nur eine „factische Voraussetzung des klägerischen Anspruchs" gemeint, d. h. es ist zur Entstehung dieses Anspruchs nicht erforderlich, daß die Kosten bereits wirklich aufgewandt worden sind, sondern sie sollen nur in Abzug gebracht werden, wenn der Anspruch geltend gemacht wird. Der Anspruch als solcher entsteht also mit dem Decret, welches ihre Schleifung verfügt.

Wir wollen jetzt die doppelte Frage untersuchen:
1) Konnte das Schiedsgericht so entscheiden, wie es jener Behauptung zufolge gethan haben soll?
2) Hat es so entschieden?

Beide Fragen verneinen wir mit der größten Bestimmtheit und behaupten: das Schiedsgericht mußte die Bedingungen so stellen, wie Keller und wir sie bezeichnet haben, und es hat sie so gestellt.

1) Wie mußte die Entscheidung des Schiedsgerichts lauten?

Wenn wir von einem „Muß" sprechen, so ist dies nur das Muß des logischen Denkens. Angenommen also, der Verfasser des Urtheils hätte nicht logisch denken können, oder er hätte in dem einen Augenblick nicht mehr gewußt, was er im vorhergehenden gesagt, so würde mit dem Nachweis, wie er seinen eignen Prämissen zufolge hätte entscheiden müssen, für die Frage, wie er wirklich entschieden hat, nichts gewonnen sein. Als Verfasser brauchte uns aber nicht ein Keller genannt zu sein, um bei ihm von der Voraussetzung auszugehen, daß er nicht in demselben Urtheil mit sich in Widerspruch geräth, nicht in Dispositive 3. die Grundsätze verläugnet, welche er in den „Erwägungen" entwickelt und in Dispositive 1. zur Anwendung bringt.

Wie mußte denn Dispositive 3. lauten? Wir wollen Herrn Rüttimann selber zum Richter nehmen, nur erlauben wir uns, um den störenden Einfluß der Vorstellung der Festungswerke zu entfernen, ein harmloseres Object zu setzen. Angenommen, es hätte ein Testator alles Obst, das während der zehn nächsten Jahre in seinem Obstgarten wüchse, dem A. und B. vermacht, und zwar dem A. das „Kernobst" und dem B. das „Steinobst", und bei der Erndte des ersten Jahres erhebt sich zwischen Beiden ein Streit, ob die Kastanien zu der einen oder andern Klasse zu zählen seien, den der Richter in irgend einer Weise entscheidet, wird er dies wohl in der Weise thun können, daß er sagt: die gegenwärtigen Kastanien zähle ich aus dem und dem Grunde zu dieser Klasse, die zukünftigen aber zu der gerade entgegengesetzten?

Ich weiß nicht, ob es noch nöthig ist, die Anwendung zu machen. Wenn das Schiedsgericht einerseits zwar glaubte, den Boden der Gegenwart verlassen und auch die Zukunft in den Bereich seiner Entscheidung ziehen zu dürfen, so konnte es doch beide nicht nach völlig verschiedenen Grundsätzen beurtheilen. Vielmehr mußte die Frage, unter welchen Voraussetzungen in der Zukunft ein Anspruch von Basel-Land anerkannt werden könne, ganz so beantwortet werden, als wenn es sich schon in der Gegenwart um ihn gehandelt hätte, mit anderen Worten, die bloße Differenz der Zeit konnte unmöglich eine Verschiedenheit der anzuwendenden Grundsätze begründen, und so wie die Entscheidung hätte ausfallen müssen, wenn der in der Zukunft gedachte Fall schon in dem Moment des Urtheils vorgelegen hätte, ebenso mußte sie ausfallen, wenn derselbe erst später eintrat. In ganz treffender Weise und, wir möchten sagen, in der Sprache der römischen Juristen stellt das Urtheil selbst diesen Gesichtspunkt auf, indem es in Erwägung 10. sagt, es seien „dem Canton Basel-Land auf jenen möglichen Fall hin seine Rechte so, wie wenn derselbe schon jetzt eingetreten wäre, vorzubehalten." Versetzen wir denn einmal jenen in der Zukunft gedachten Fall in den Moment hinein, wo der Richter sein Urtheil sprach. Angenommen, aus den Festungswerken wären bereits damals öffentliche Anlagen, Straßen u. s. w. gemacht gewesen: in welche der beiden Klassen hätte das Gericht dieselben stellen müssen? Herr Rüttimann (II. S. 35 Note) meint: in die erste, denn „städtische Promenaden, Gärten, Lustwäldchen u. dergl. könnten von gewöhnlichen fiskalischen Grundstücken gewiß nicht unterschieden werden". Untersuchen wir die Sache! Die Straßen werden ausdrücklich in Erwägung 2. als Gegenstände der zweiten Klasse genannt; zwischen ihnen und öffentlichen Anlagen aber einen rechtlichen Unterschied zu entdecken, — das Problem soll unser Gegner noch erst lösen! Ob der Platz, über den das Publikum geht, gepflastert ist oder nicht, ob Bäume und Rasenplätze da stehen oder nicht, soll das etwa einen Unterschied in der rechtlichen Beschaffenheit der Sache begründen? Letztere beruht bei beiden gleichmäßig darauf, daß sie ausschließlich dem öffentlichen Gebrauch (usus publicus) überwiesen sind, solche Sachen aber (res usibus publicis derelictae) nennt das römische Recht res publicae, und solche res publicae weist unser Urtheil als Gegenstände der zweiten Klasse dem Canton zu, der sie factisch hat. Nach der entgegengesetzten Auffassung würden consequenterweise die Pflastersteine das Kriterium abgeben, ob die öffentlichen Wege, Plätze u. s. w. zur zweiten oder ersten Klasse gezählt werden müßten, und die „Linden" in Berlin würden in der Mitte, wo sie nicht gepflastert sind, „fiskalische", dagegen an den Seiten, wo sie gepflastert sind, „öffentliche" Sachen sein.

Wenn das Gericht nun die oben genannte Umwandlung der Festungswerke als in der nächsten Zukunft eintretend sich dachte: wie in aller Welt hätte es an sie eine Wirkung knüpfen können, die es derselben in der Gegenwart hätte versagen müssen? Es würde begreiflich erscheinen, daß das Gericht es mit der Zuerkennung solcher eventuellen zukünftigen Ansprüche strenger genommen hätte, als mit der Constituirung sofort wirksamer Ansprüche, der entgegengesetzte Fall aber einer lareren Beurtheilung derselben würde gar nicht zu begreifen sein. Oder sollte man, nachdem man einmal bei den Festungswerken von der strengen Consequenz darin abgewichen, daß man nicht bloß die gegenwärtigen Zustände, sondern auch zukünftige Eventualitäten in Anschlag brachte, diese Abweichung dadurch zu einer reinen Willkühr und zu einem Hohn gegen die selbstaufgestellten Grundsätze hinaufschrauben, daß man die Frage, was öffentliche und was nichtöffentliche Sachen, nebst der daran sich knüpfenden ihrer rechtlichen Behandlung, in die

Zukunft verlegt, in völlig anderer Weise beantwortete, als man sie für die Gegenwart zu beantworten für gut befunden hatte? Wollte man einmal im Hinblick auf die Möglichkeit einer Umwandlung der Festungswerke ein eventuelles Recht von Basel-Land statuiren, so konnte man über die Voraussetzung, an die dieß Recht zu knüpfen, doch auch keinen Augenblick zweifelhaft sein. Als Voraussetzung nämlich konnte nur dieselbe aufgestellt werden, nach der bei der ganzen Theilungsangelegenheit die Rechte beider Parteien bemessen worden waren, nämlich daß der zu theilende Gegenstand einen Gegenstand der ersten Klasse bilde, mit anderen Worten, daß aus den Festungswerken „gewöhnliche Vermögensstücke des Staats" gebildet würden. Die Meinung, daß das bloße Aufhören der Festungswerke als Bedingung hätte gesetzt werden müssen, schließt die Consequenz in sich, daß, wenn dieselben bei einer Belagerung zerstört oder nach derselben vom Feinde geschleift werden sollten, der Grund und Boden ins Miteigenthum von Basel-Land gelangen müßte, so daß Basel-Stadt bei beabsichtigter Wiederaufführung derselben den Miteigenthümer erst um seine Erlaubniß dazu angehen und dieselbe wohl gar sehr theuer erkaufen müßte!

Wenn nun dem Bisherigen nach die Verwandlung der Festungswerke in öffentliche Anlagen, Straßen und Plätze aus ihnen keine Gegenstände der ersten Klasse schafft, so hätte der Richter, angenommen, es hätte die Landschaft damals den Antrag gestellt, die Bedingung ihres Anspruchs auf diesen Fall zu erstrecken, diesen Antrag nicht anders als ablehnen können, wenn er nicht mit sich selbst in den ärgsten Widerspruch gerathen wollte. Eben so gut hätte er die Bedingung auf jedes andere beliebige Ereigniß oder den bloßen Ablauf der Zeit stellen können — das eine wäre um nichts willkührlicher und principloser gewesen, als das andere. Ein Princip für die Fassung der Bedingung hatte der Richter nur, wenn er entweder auf dem Rüttimann'schen Standpunkt stand — dann ergab sich auch mit Nothwendigkeit die Bedingung, so wie unser Gegner sie will — oder aber, wenn er den Standpunkt, den er einnahm, in der von uns ausgeführten Weise für die Zukunft nicht minder, als für die Gegenwart zur Anwendung brachte — dann ergab sich ebenfalls mit Nothwendigkeit, daß er das Recht von Basel-Land nicht an eine Veränderung der Sache knüpfen konnte, welche dieselbe aus der zweiten Klasse gar nicht herausbrachte, sondern nur an eine solche, die sie aus der zweiten in die erste versetzte.

Daß der Richter dabei die Kosten der Herstellung dieser Veränderung berücksichtigen und nur an dem, was nach Abzug der Kosten als Nettogewinn übrig blieb, der Landschaft ihre Quote vorbehalten konnte, bedarf keiner weiteren Rechtfertigung.

2) Wie hat das Gericht die Bedingung wirklich gefaßt?

Zufolge Herrn Rüttimann hat der Richter bei Bedingung 1. und 2. sich vorgestellt: wenn ein Decret der zuständigen Behörde die Schleifung der Festungswerke verfügt, so gehen dieselben dadurch in gewöhnliche Vermögensstücke über, und unser Gegner verlegt diesen Gedanken in der Geschichtserzählung seines Gutachtens §. 4. (II. S. 42) geradezu in die Erw. 7., welche sagen soll, daß, „wenn die Festungswerke geschleift würden, das Areal in den bürgerlichen Verkehr überginge", wogegen schon Keller (II. S. 60) das Nöthige bemerkt hat.

Also ein Mann wie Keller, den gerade der Anblick der Veränderungen, die die Festungswerke in Zürich eben erlitten hatten, auf die „naheliegende Möglichkeit" der Erwägung 7 b. gebracht hatte, ein solcher Mann hätte nicht wissen sollen, daß aus geschleiften Festungswerken eben so wohl öffentliche Plätze und Straßen, als Bauplätze und Kartoffeläcker entstehen können? Der ersteren Möglichkeit ganz vergessend, sollte er nur die zweite als die allein denkbare ins Auge gefaßt haben? Wie unser Gegner die Ansicht (II. S. 27), daß „die Schanzen im gleichen Augenblick, in welchem sie aufhören, Festungswerke zu sein, ganz von selbst zu wirklichem Staatsvermögen werden", für eine so sehr sich von selbst verstehende halten kann, daß es ihm für überflüssig schien, sie in seinem Gutachten zu begründen, ist uns wahrhaft räthselhaft, und die Art, wie der Verfasser der Broschüre III. (S. 22, 23) dies persiflirt, ganz verdient. Also eine öffentliche Sache sollte sich nicht in eine andere verwandeln können, ohne ihren Durchgang durch das gewöhnliche fiskalische Eigenthum zu nehmen? Wenn auf einem öffentlichen Platz oder Weg bei einer Belagerung eine Schanze aufgeworfen wird, so müßte erst die „juristische Construction" den Grund und Boden dazu in Stand setzen? Wenn dies aber nicht nöthig, warum sollte denn nicht auch aus einer Schanze unmittelbar ein öffentlicher Weg werden können? Wie sollten wir uns denn die Sache juristisch zurecht legen, wenn diese Veränderung im Lauf der Zeit von selbst vor sich ginge? Dem römischen Recht kann Herr Rüttimann diese Theorie nicht entnommen haben, denn letzteres erkennt die Möglichkeit der unmittelbaren Verwandlung von res extra commercium in andere res extra commercium ausdrücklich an, so z. B. der res publicae in res sacrae*). Wenn er behauptet, daß alle öffentlichen Sachen aus gewöhnlichem fiskalischen Eigenthum gebildet werden müßten, so möchten wir dagegen ihn bloß bitten, uns seine historische Ansicht von der Entwicklung des Grundeigenthums mitzutheilen. Ihr zufolge scheint aller Grund und Boden ursprünglich in Privateigenthum gestanden, und der Staat das Terrain zu öffentlichen Wegen, Plätzen u. s. w. erst haben von den Privateigenthümern zusammenkaufen müssen. Soviel wir wissen, war das Verhältniß zwischen Gemeinland (ager publicus) und Privatland sowohl in Teutschland wie in Rom gerade das entgegengesetzte von dem, welches Herr Rüttimann annimmt, jenes das ursprüngliche, dieses das spätere, der Staat wird also nie in die Lage gekommen sein, das Land zu öffentlichen Wegen erst kaufen zu müssen.

Einen andern Irrthum, den er sich genöthigt sieht bei Keller zu supponiren, ist der, daß das „Decret der zuständigen Behörde" als solches schon die Festungswerke aufhebe. Ich will darüber mit ihm nicht rechten, ob Festungswerke statt durch den Spaten mit der Feder aufgehoben werden können, ich meine, daß, wenn nach dem Decret, bevor noch ein Spatenstich geschehen, der Feind käme und die Stadt belagerte, der Umstand, daß die Festungswerke ihre juristische Existenz verloren hätten und also „eigentlich nicht mehr gölten", weder ihm eine große Beruhigung, noch den Belagerten einen großen Kummer verursachen würde. Doch es sei: die Festungswerke können diese ihre Eigenschaft durch Decret der zuständigen Behörde verlieren! Aber sehen wir uns doch das Decret etwas näher an. Dasselbe kann lauten:

1) „die Festungswerke sind hiermit aufgehoben";
hier tritt jene Verwandlung des Grund und Bodens, wenn sie sonst eine Folge der bloßen Aufhebung der Festungswerke ist, und Festungswerke durch Decret aufgehoben werden können, allerdings sofort ein.

---
*) L. 9. §. 1. de R. D. (1. 8).

Das Decret kann aber auch verfügen:

2) „sie sollen aufgehoben werden."

Hier wird die Aufhebung als eine in der Zukunft erst zu bewerkstelligende Maßregel hingestellt, und es kann die an die Aufhebung geknüpfte Folge erst eintreten, wenn sie selbst eingetreten ist. Ein solches Decret ist das Gesetz des Großen Raths, welches den Kleinen Rath ermächtigt, je nach Bedürfniß und eigenem Ermessen mit der Aufhebung der Festungswerke vorzuschreiten. Wenn nun der Kleine Rath keinen Gebrauch von der ihm verliehenen Befugniß macht: sind denn die Festungswerke durch jenes Gesetz, welches ausdrücklich ihre fernere Existenz in die Entscheidung des Kleinen Raths stellt, bereits aufgehoben worden? Es ergiebt sich daraus, was von der Behauptung Herrn Rüttimann's (II. S. 29 Note) zu halten: „Der Beschluß, daß die Schanzen geschleift werden sollen, macht eine öffentliche Sache zu einem gewöhnlichen fiskalischen Grundstück." Auch hier also hätte wiederum Keller als Urtheilsverfasser zum zweiten Mal von zwei sich darbietenden Möglichkeiten die eine gänzlich übersehen! Wird man glauben, daß Keller etwas gesagt hat, das er nicht hätte sagen können, ohne aufzuhören, Keller zu sein?

Hören wir weiter!

Nach der Interpretation von Herrn Rüttimann würde der sowohl in Erwägung 7 b. als in Dispositive 3. zur Erwähnung der Schleifung der Festungswerke gemachte Zusatz:

„geschleift] und die dazu gewidmeten Grundstücke in gewöhnliche Vermögensstücke verwandelt und zum Gegenstand des bürgerlichen Verkehrs gemacht werden"

„verfügt], und dadurch nach Abzug der Kosten wirkliches Staatsvermögen begründet werden sollte"

ein völlig müßiger, überflüssiger sein, weil er sich ja von selbst verstehen soll; Herr Rüttimann aber weiß so gut wie wir, daß, wenn sich für einen Passus ein doppelter Sinn darbietet: der eine, in dem er völlig überflüssig und nichtssagend ist — der andere, in dem er einen vernünftigen Sinn hat — daß dann nach allgemeinen Interpretations-Grundsätzen der letztere zu wählen ist, und er wird gewiß nicht in Abrede stellen, daß die Anwendung dieser Interpretationsregel doppelt am Platz ist, einmal in den bispositiven Worten eines Urtheils, — auch ein minder gewiegter Richter wird sich hier hüten, überflüssige Worte zu machen — und zweitens in einem Urtheil von Keller.

Wir wollen ihm aber Keller und alle Interpretationsregeln preisgeben, wenn er die Worte: „nach Abzug der Kosten" mit seiner Interpretation zu vereinigen im Stand ist. Nehmen wir immerhin einmal an, das betreffende Decret verwandle dadurch, daß es die Schleifung der Festungswerke verfüge, den Grund und Boden in gewöhnliches Staatseigenthum, so kann doch bei dieser Verwandlung noch von Kosten nicht die Rede sein. Eine Veränderung einer Sache, die als wesentliches Moment verausgabte Kosten voraussetzt — und verausgabt müssen sie doch sein, damit sie „abgezogen" werden können — eine solche Veränderung kündigt sich eben damit nicht als eine bloß durch einen Federstrich auf dem Papier, kurz durch Decret, sondern als eine durch die Hand mit Hacken und Spaten zu bewerkstelligende an. Wenn nun Herr Rüttimann diesen höchst unbequemen Zusatz dadurch zu beseitigen gedenkt, daß er ihm die Form einer „faktischen Voraussetzung der Theilungsklage" zuweist, so können wir darauf nur mit Keller (II. 74.) erwidern: woran es zu erkennen sei, daß das Schiedsgericht den beiden in Dispositive 3. genannten Voraussetzungen einen ganz verschiedenen Charakter habe beilegen wollen, und überhaupt die Widerlegung, die Keller dieser Idee des Herrn Rüttimann zu Theil werden läßt, ganz zu der unsrigen machen. Wir zittern bei dem Gedanken, daß jener Rüttimann'sche Unterschied zwischen Bedingung und faktischer Voraussetzung in die unrechten Hände kommen sollte; — wir wären nicht sicher, daß nicht Jeder die ihm unbequeme Bedingung in die Form von „faktischen Voraussetzungen der Klage" bringen würde.

Es bleibt uns übrig, noch ein Bedenken zu berühren, welches nach Ansicht unsers Gegners der Verwandlung der Festungswerke in öffentliche Plätze, Anlagen u. s. w. im Wege stehen soll. Dieselben, sagt er (II. 35), seien dem Canton Basel-Stadt zugewiesen worden, die daraus entstandenen öffentlichen Plätze, Straßen u. s. w. aber wären nicht für den Canton, sondern die Stadt Basel bestimmt, jener aber dürfe doch der Stadt auf Kosten von Basel-Land unmöglich mit dem Grund und Boden ein Geschenk machen. Das Bedenken ist wiederum von dem Standpunkt eines dem Canton Basel-Land von Anfang an an den Festungswerken zustehenden Miteigenthums entnommen und von ihm aus vollkommen begründet, allein auch nur von ihm aus; von dem unsrigen aus erledigt es sich ganz einfach*) mit dem oben (S. 18) nachgewiesenen, in Erwägung 10. anerkannten Princip, daß nämlich für den eventuellen Anspruch von Basel-Land dieselben Grundsätze zur Anwendung zu gelangen haben, nach denen das Schiedsgericht denselben, wenn er schon zur Zeit des Urtheils existirt hätte, hätte beurtheilen müssen. Wenn letzteres aber die öffentlichen Plätze und Straßen der Stadt Basel, obschon dieselben der Stadt Basel und nicht dem Canton Basel-Stadt angehörten, von der Theilung ausschloß, so kann nach seiner Intention auch die spätere Verwandlung der Festungswerke in öffentliche Plätze der Stadt Basel einen Theilungsanspruch von Basel-Land nicht begründen. Das Urtheil erkennt ja in Dispositive 1. dem „Canton Basel-Stadt fortan einzig die Verfügung über die fraglichen Festungswerke zu", ohne ihn in dieser Verfügung irgendwie zu beschränken, und ohne zu unterscheiden, ob die Festungswerke dem Canton oder der Stadt zu Nutzen gereichen. Jede Verfügung des Cantons, die nicht von der in Dispositive 3. gesetzten Wirkung der Begründung wirklichen Staatsvermögens nach Abzug der Kosten begleitet ist, fällt außerhalb der Bedingung und läßt die Festungswerke selbst in der zweiten Klasse, in der, wir wiederholen es nochmals, nicht bloß die öffentlichen Sachen des Cantons Basel-Stadt ihren Platz hatten, sondern auch die der Stadt Basel.

Uebrigens hätten wir nicht übel Lust, unserm Gegner sein Argument in der Hand herum zu kehren und ihn gerade damit zu schlagen, womit er Basel-Stadt zu treffen gedachte. Wenn nämlich die öffentlichen Anlagen der Stadt Basel nicht den Staat zum Subjekt haben, so ist ja die Bedingung von Dispositive 3., daß „wirkliches Staatsvermögen begründet werden sollte," gar nicht eingetreten, und der Anspruch von Basel-Land cessirt aus diesem Grunde!

---

*) Einen andern, ebenfalls zulässigen Weg der Widerlegung schlägt Broschüre III S. 27—29 ein.

§. 5.

Welchen Anspruch hat Basel-Land nach Eintritt der Bedingung?

Der Streit, der sich darüber zwischen Keller und Rüttimann erhoben hat, ist, soweit wir beurtheilen können, ohne die geringste praktische Bedeutung, und nur, weil die Frage einmal Gegenstand des Streits geworden ist, wollen wir ihr nicht aus dem Wege gehen. Keller kleidet jenen Anspruch in die Form einer Obligation, Rüttimann in die des Miteigenthums. Welche von beiden Ansichten man auch annehmen möge, der Anspruch bleibt materiell ganz derselbe, und wenn unserem Gegner viel daran liegt, in diesem Punkt Recht zu haben, so wollen wir ihm gern diese Freude gönnen, aber freilich werden wir um so strenger darauf achten, daß er von diesem Zugeständniß nicht den Gebrauch macht, dessentwegen es allein für ihn einen Werth haben könnte, nämlich den, daß er uns das Miteigenthum von Basel-Land, welches wir ihm mit dem Urtheil erst vom Moment des Eintritts der Bedingung an zugestehen, in die Zeit vor Eintritt der Bedingung zurückdatirt. Ob ihm innerhalb dieser Grenzen mit unserem Zugeständniß gedient sei, möchten wir bezweifeln, denn der einzige Zweck, dessentwegen jenes Miteigenthum in Scene gesetzt ist, besteht ja nicht darin, daß es wirke, nachdem es zur Existenz gelangt ist, sondern bereits vorher.

Ohne damit meine Concession, wenn von der anderen Seite Werth darauf gelegt wird, zurückzunehmen, will ich, da ich einmal bei diesem Streit in die Fußtapfen von Keller getreten bin, nicht unterlassen, mich auch hier meines Vorgängers anzunehmen. Ich bin nämlich in dem Maße von der Richtigkeit seiner Construction überzeugt, daß ich die entgegengesetzte nicht einmal für eine juristisch mögliche zu erklären vermag. Freilich: wenn Eigenthum und Miteigenthum sich durch einen Richterspruch nur so beliebig begründen ließen, wie und wann und wo es dem Richter gefiele, so wäre allerdings nicht abzusehen, warum er nicht auch durch seinen bloßen Spruch an Sachen, die gegenwärtig noch außer dem Verkehr stehen, für den Fall, daß sie in den Verkehr kommen sollten, Miteigenthum sollte begründen können. Aber ist jene Voraussetzung richtig? Der Theilungsrichter kann allerdings durch die Adjudication Eigenthum constituiren, aber wohlgemerkt, nur indem er das bereits gegenwärtig vorhandene und auf mehrere Miteigenthümer vertheilte Eigenthum einem Einzigen unter ihnen zuweist. Aber daß er diese Macht auch rücksichtlich zukünftiger Sachen hätte, so daß mit Eintritt des Miteigenthums sofort in Gemäßheit seines Spruchs das alleinige Eigenthum auf den Adjudicatar überginge, davon ist uns nichts bekannt. Der Schluß von dem einen auf den anderen ist ungefähr eben so gerechtfertigt, als daß der Eigenthümer, wie sein gegenwärtiges so auch sein zukünftiges Eigenthum im voraus auf einen Anderen übertragen könne. Unserm Recht zufolge — und es wird wohl nicht des Nachweises bedürfen, daß dasselbe darin das Richtige getroffen hat — kann er den gewünschten Zweck nur in Form der Obligation erreichen, d. h. er kann die demnächstige Uebertragung zusichern, versprechen, aber nicht im voraus den demnächstigen Uebertragungsact schon jetzt anticipiren. In derselben Weise kann auch der Theilungsrichter, wenn er die Adjudication auf Sachen, die gegenwärtig noch gar nicht im Eigenthum der Parteien stehen oder stehen können, erstrecken will, dies nur in Form der Obligation thun. Fallen dieselben also nach sonstigen Grundsätzen ins Miteigenthum beider Parteien, so wird sein Spruch daran nichts ändern, und eben so wenig umgekehrt, wenn sie ins alleinige Eigenthum der einen Partei fallen; in beiden Fällen hat sein Spruch nur die Verpflichtung zur Vornahme des betreffenden Eigenthumsübertragungsactes begründet. Ganz dieser Fall liegt ja aber hier vor; die Auffassung von Keller ist mithin ganz die richtige.

§. 6.
Rechtsverhältniß der Festungswerke vor Eintritt der Bedingung.

Erst durch Herrn Rüttimann hat die in der Ueberschrift genannte Frage eine Bedeutung erhalten, welche ihr von vornherein in keiner Weise zukömmt. Wenn das Recht von Basel-Land erst mit Eintritt der Bedingung zur Entstehung gelangt, was verschlägt es für diesen Canton, welcher Art das Recht ist, das Basel-Stadt inzwischen an den Festungswerken hat, ob es ein Hoheitsrecht oder ein Eigenthum sei? Darüber zu streiten, wäre der müßigste Streit von der Welt. So ist aber der Streit von unserm Gegner nicht gemeint; für ihn hat derselbe einen höchst praktischen Zweck, denn das

Rechtsverhältniß der Festungswerke vor Eintritt der Bedingung, in der von ihm versuchten Weise construirt, soll ihm dazu dienen, die unbequeme zweite und dritte Bedingung des Urtheils zu beseitigen, ja schon vor Eintritt der ersten Bedingung ein Recht von Basel-Land zu deduciren. Der Weg, den er zu diesem Ziel einschlägt, bietet, da das Ziel selber auf gewöhnlichem Wege völlig unerreichbar ist, dem Zuschauer das Interesse eines höchst schwierigen, halsbrechenden Wagestücks dar. Derselbe führt an schwindelnden civilistischen Abhängen vorbei, führt über Höhen, Abgründe und Klüfte, über die bisher noch kein Civilist heiler Haut hinüber gekommen, kurz er reiht sich in seiner Weise würdig den kühnsten und gefährlichsten Alpenpässen des Vaterlandes unseres Gegners an. Gezwungen, ihm auf diesen steilen Wegen zu folgen, wollen wir vorher untersuchen, zu welchem Ziel uns die gewöhnliche Heerstraße des gesunden Menschenverstandes führt, die unserer Ansicht nach mit der Kunststraße der Jurisprudenz regelmäßig parallel läuft.

Das Urtheil hatte, indem es die Festungswerke für Gegenstände der zweiten Klasse erklärte, die Möglichkeit und Wirklichkeit eines eigentlichen Staatseigenthums ausgeschlossen und die Festungswerke bis zum Eintritt der drei Bedingungen der Dispositive 3. lediglich dem Canton Basel-Stadt zugewiesen. Der Verfasser des Urtheils bezeichnet das Recht, welches dem Canton Basel-Stadt an ihnen zusteht, als ein reines Hoheitsrecht (Erwägung 3—5.). Mag man diese Bezeichnung nun billigen oder nicht, für die praktische Wirkung des Urtheils ist dies einerlei, Basel-Stadt soll an ihnen das Recht erhalten, welches jedem Staat an seinen res publicae zusteht, und welches, möge man es auch Eigenthum nennen, doch zu dem gewöhnlichen Staatseigenthum einen entschiedenen Gegensatz bildet, wie ja auch das Urtheil ausdrücklich anerkennt. Der praktische Kern des Urtheils nach dieser Seite hin liegt in den Worten der Dispositive 1.: „es stehe die Verfügung über die fraglichen Festungswerke fortan einzig dem Canton Basel-Stadt zu". Dieses „Fortan" soll dem Urtheil zufolge so lange dauern, bis der „Fall" der Dispositive 3. eintritt.

Uebt aber der „Fall" nicht schon jetzt einen gewissen Einfluß aus, wird nicht durch das zukünftige Recht von Basel-Land das gegenwärtige von Basel-Stadt beschränkt? Einen Anhaltspunkt zur Beantwortung dieser Frage bietet die Lehre von den Bedingungen dar. Ein ganz ähnliches (wenn auch nicht völlig gleiches) Verhältniß, wie das unsrige, ist das der Bestellung des Eigenthums unter einer Resolutivbedingung. Bis zum Eintritt der Bedingung hat der Empfänger das Eigenthum, mit jenem Moment fällt es an den Besteller zurück. Begründet nun diese Möglichkeit des Rückfalls eine Beschränkung des gegenwärtigen Eigenthümers? Das römische Recht verneint diese Frage*); bis zur entschiedenen Sache hat der Eigenthümer ganz dieselbe Stellung, wie jeder Andere. Nur die eine Beschränkung, welche für alle bedingten Verhältnisse gilt, trifft auch ihn, nämlich die, welche sich aus der Regel ergiebt: „daß, wenn der bedingt Verpflichtete die Erfüllung der Bedingung verhindert, dies der Erfüllung der Bedingung gleich zu achten sei"**)! Es ist begreiflicher Weise nicht der Sinn dieser Regel, daß in Fällen, wo die Erfüllung der Bedingung dem Willen des Schuldners anheimgestellt ist, die Nichterfüllung der Erfüllung gleichgeachtet werden solle, also z. B. daß Jemand, der Etwas versprochen, unter der Bedingung, daß er sich verheirathen werde, auch dann haften müsse, wenn er sich nicht verheirathete — das hieße ja derartige Bedingungen unmöglich machen, indem sowohl ihre Erfüllung wie Nichterfüllung als Eintritt gelten würde. Der Sinn jener Regel ist vielmehr der***), daß sie nur in Fällen, wo der bedingt Verpflichtete auf eine dem Sinn des Vertrags zuwiderlaufende Weise die Erfüllung der Bedingung verhindert, ihn mit der Fiction der Erfüllung der Bedingung straft. Die Fälle, für welche diese Regel bestimmt ist, sind solche, in denen dem bedingt Berechtigten in Form der Bedingung eine Handlung oder Leistung auferlegt ist („wenn Du das Buch giebst, zahle ich 100"). Sowie nun bei Leistungen, die ihm in Form einer Obligation auferlegt sind („Du versprichst das Buch zu geben, ich verspreche 100 zu geben"), die Zurückweisung oder Vereitelung derselben von Seiten des Berechtigten der Erfüllung gleichsteht und ihm folgeweise den Anspruch auf die verheißene Gegenleistung gewährt, ebenso auch hier;

---

*) S. z. B. L. 66. de R. V. (6. 1). Non ideo minus recte quid nostrum esse vindicabimus, quod abire a nobis dominium speratur, si conditio legati vel libertatis exstiterit. L. 4. §. 3. de in diem add. (19. 2).

**) Quoties per eum, cujus interest, fit, quo minus conditio impleatur, perinde haberi ac si impleta conditio fuisset, L. 161. de R. J. (50. 17).

***) S. v. Wächter, Handbuch des württembergischen Privatrechts, Bd. II. S. 691. 695. — v. Savigny, System, Bd. III. S. 141.

es ist nur eine Hinübertragung eines für **obligatorische** Leistungen geltenden Grundsatzes auf die **Bedingungsleistungen** (conditio dandi faciendi).

Daß nun von diesem Satz für den vorliegenden Fall keine Anwendung gemacht werden kann, bedarf nicht erst des Nachweises, denn die Bedingung, von der das Urtheil den Anspruch abhängig macht, ist keine Leistung von Basel-Land, die durch Basel-Stadt vertragswidrig verhindert worden wäre, sondern es ist eine Bedingung, welche in den Willen von Basel-Stadt gestellt ist. Allerdings hat Basel-Land das höchste Interesse an der Erfüllung der Bedingung, allein ganz dasselbe gilt für **jeden bedingt Berechtigten**. Diesem Interesse des letztern steht auf der anderen Seite das gerade entgegengesetzte des bedingt Verpflichteten gegenüber, gerade den Ausschlag aber zwischen diesen beiden widerstreitenden Interessen soll ja nach Intention beider Parteien lediglich die Bedingung geben. Ist sie nun in den Willen des **Verpflichteten** gestellt, so heißt das: er kann und darf sich bei dem ganzen Verhältniß lediglich durch **sein** Interesse leiten lassen; ist sie in den Willen des **Berechtigten** gestellt, so ist dieses Uebergewicht dem Interesse und Recht des letztern eingeräumt.

In dem vorliegenden Fall hat also die Regierung von Basel-Stadt schlechthin zu bestimmen, ob und wann die Bedingung des Anspruchs in Erfüllung gehen soll, und wenn sie es für gut findet, daß dies nur rücksichtlich eines Theils der Bedingung geschehen soll, nämlich bloß rücksichtlich der obigen ersten Bedingung, so kann der bedingt Berechtigte ihr daraus eben so wenig einen Vorwurf machen, als er es irgend einem Anderen könnte, der von den mehreren Bedingungen, unter denen er sich verpflichtet hat, nur eine zu erfüllen Lust hat.

§. 7.
Die Rüttimann'sche Construction des Verhältnisses.

Was unseren Gegner, seiner eignen Erklärung zufolge, auf die Idee geführt hat, schon **vor** Eintritt der Bedingung ein Miteigenthum von Basel-Land anzunehmen — ein Miteigenthum, welches er (II S. 50) als „**latent, gewissermaßen schlummernd**" und an anderer Stelle (II S. 21

als „durch die öffentliche Natur des Verhältnisses verdeckt und in seiner Wirksamkeit gehemmt" bezeichnet, und welches dem Schiedsgericht eine „so sehr in die Augen springende Thatsache" gewesen sein soll, „daß es deren Nachweis überflüssig erachtete" — der Grund zu dieser Annahme besteht in dem Umstand, daß er sich ohne sie die Entscheidung des Urtheils in Dispositive 3. nicht erklären kann. Ob das Urtheil durch die von ihm vorgeschlagene Erklärung in der That an Verständlichkeit und Zusammenhang gewonnen oder aber verloren, möge der Verlauf der Darstellung zeigen.

Das Gericht, sagt er, ist offenbar von der Idee eines der Landschaft zustehenden Miteigenthums ausgegangen; denn wenn es nicht schon im Moment des Urtheils eine Berechtigung auf Seiten der Landschaft angenommen hätte, wie konnte es ihr für die Zukunft einen Anspruch „vorbehalten?" Sollte der Ausdruck „vorbehalten" allein dies Wunder bewirken, so müssen wir dagegen bemerken, daß es sich hier um einen **bedingten** Vorbehalt handelt. Die Idee eines nicht erst zu gewährenden, sondern bloß **anzuerkennenden** Anspruchs, welche durch diesen Ausdruck involvirt wird, trifft für **den Fall**, für den der Vorbehalt **gemacht** ist, nämlich den des Eintritts der **Bedingung**, vollkommen zu. Nachdem das Gericht sich einmal entschlossen, die „naheliegende **Möglichkeit**" (Erwägung 7 b.) ebenso zu behandeln, als ob sie bereits gegenwärtige Wirklichkeit geworden wäre (Erwägung 10.), verstand sich für sie dasselbe, wie für letztere, und es brauchte für den Eintritt jenes Falls die Ansprüche am Basel-Land nicht erst **zu gewähren**, sondern es konnte sie „**vorbehalten**", „**anerkennen**" u. s. w.

Aber — wird unser Gegner uns einwenden — nicht der Ausdruck „vorbehalten" ist das Entscheidende, sondern die **Sache**; wie konnte das Schiedsgericht, welches den Auftrag hatte, das Staatsvermögen zu theilen, die Festungswerke zur Theilung ziehen, wenn es dieselben nicht zum Staatseigenthum zählte? Auch hier scheint er uns außer Acht zu lassen, **daß dies nur unter einer Bedingung geschehen ist**. Wer bedingt Etwas anerkennt, erkennt es doch in aller Welt nicht ohne Bedingung an! Wenn auch wir unsererseits uns dieselbe Freiheit Herrn Rüttimann gegenüber herausnehmen dürfen, deren er sich dem Verfasser des Urtheils gegenüber bedient,

d. h. die nicht zu Tage getretenen, dem Subjekt selbst nicht bewußt gewordenen, leitenden Ideen zu enthüllen, so glauben wir, daß der letzte Grund seiner Miteigenthumstheorie in einer nicht ganz correcten Auffassung von dem Wesen bedingter Zustände gelegen ist. Es scheint uns, als nähme er Anstand daran, daß mit Eintritt der Bedinguug plötzlich ein Recht zur Welt kommen soll, welches bisher noch gar nicht existirt hat. Da nun alle anderen Wesen, wenn sie zur Welt kommen, bereits vorher, sei es im Mutterleib, sei es im Ei ein embryonales Dasein geführt haben, so scheint er im Anschluß an dies Naturgesetz es für erforderlich zu halten, der Geburt bedingter Rechte ebenfalls einen embryonalen Zustand vorauszuschicken — denn aus dem Nichts kann doch auch ein Recht sich nicht entwickeln! Zu einer Zeit also, wo die Festungswerke der oberflächlichen Betrachtung noch rein und ausschließlich als res publicae erscheinen, entdeckt er in ihnen bereits die ersten Lebensregungen der zukünftigen res fiscales; sie beherbergen bereits das Ei, aus dem später im entscheidenden Moment das Recht von Basel-Land wie das Küchlein hervorspringt. Herr Rüttimann wird uns einwenden, daß ihm diese Ausbrütungstheorie bedingter Rechte völlig fremd sei, allein mit demselben Recht, mit dem er sein „latentes Miteigenthum" in die baseler Festungswerke und in den Kopf von Keller hineinverlegt, werden wir auch ihm latente Ideen unterschieben können, und der Umstand, daß er sich derselben nicht bewußt zu sein versichert, ist eben nur ein Grund für, nicht gegen sie, denn das „Latente" besteht ja eben darin, daß man nichts davon merkt!

Welchen Anlässen unser Gegner nun auch immerhin die Idee eines der Landschaft schon vor Eintritt der Bedingung zustehenden „latenten Miteigenthums" verdankt, wir wollen darnach nicht suchen, aber um so mehr wollen und müssen wir diese Idee selber einer nähern Kritik unterwerfen. Wir schicken das Resultat derselben gleich hier voraus, indem wir es in folgende Sätze zusammen fassen:

1) ob Basel-Land je Miteigenthum an den Festungswerken gehabt hat, ist gleichgültig, wenn das Urtheil dasselbe nicht anerkennt;
2) ob der Verfasser des Urtheils subjectiv das Miteigenthum angenommen, ist gleichgültig, wenn er seiner Ansicht im Urtheil keinen objectiven Ausdruck gegeben hat;

3) der Urtheilsverfasser konnte jene Idee nicht haben, ohne sich selbst zu widersprechen und hat sie nicht gehabt:

4) ein Miteigenthum an res publicae im Sinn von Herrn Rüttimann ist ein civilistisches Unding.

§. 8.

Erster Einwurf:

Das ehemalige Miteigenthum von Basel-Land ist gleichgültig, wenn das Urtheil des Schiedsgerichts es nicht anerkennt.

Unser Gegner wird darüber mit uns einverstanden sein, daß, welcher Art auch immer das Recht, welches Basel-Land an den Festungswerken ursprünglich hatte, gewesen sein mag, dasselbe seit und nach dem Urtheil nicht mehr in Betracht kommt. Hat das Urtheil das Recht nicht anerkannt, so existirt es von jetzt an nicht mehr, auch wenn es früher existirt hat; hat das Urtheil das Recht anerkannt, so ist umgekehrt gleichgültig, ob man seine frühere Existenz nachweisen kann. Deßwegen werden wir unsern Gegner bitten müssen, die Frage nach dem früheren Rechtsverhältniß der Festungswerke ein für alle Mal aus dem Spiel zu lassen; wie wir darüber denken, haben wir oben angegeben, denkt er anders darüber, so wollen wir ihm dies nicht verwehren, für die gegenwärtige Sachlage aber kömmt nichts mehr darauf an — beide Cantone können ihr Recht nur vom Urtheil ableiten, ob aus der positiven oder negativen Entscheidung desselben (s. oben S. 10), ist gleichgültig.

§. 9.

Zweiter Einwurf:

Ob der Verfasser des Urtheils subjectiv das Miteigenthum angenommen, ist gleichgültig, wenn er seiner Ansicht im Urtheil keinen objectiven Ausdruck gegeben hat.

Setzen wir im Geist einmal Herrn Rüttimann an die Stelle von Keller in das Schiedsgericht von 1833 und uns an die Stelle der damaligen Vertreter von Basel-Stadt. Wenn er uns verspricht, das Urtheil nicht anders zu fassen, als es jetzt lautet, so werden wir ihm den Besitz seiner

Ueberzeugung, daß Basel=Land Miteigenthum an den Festungswerken habe, im Mindesten nicht verwehren und uns nur im Stillen darüber wundern, wie er mit einer solchen Ueberzeugung ein solches Urtheil vereinigen kann. Denn vom Standpunkt jener Ueberzeugung aus, würden wir sagen, müßte er im Urtheil aussprechen, daß die Festungswerke aufs Theilungsinventar zu bringen seien, und er hätte es thun können, ohne uns der Festungswerke zu berauben. Denn wenn letztere nicht erst mit der vollständig beschafften Schleifung, sondern bereits in dem Moment, wo sie durch Decret aufhören Festungswerke zu sein und sich in gewöhnliche fiskalische Grundstücke verwandeln, einen Vermögenswerth erlangen — ein Vermögenswerth, der entweder auf dem Weg einer Abschätzung des durch ihre Abtragung nach Abzug der Kosten zu gewinnenden Terrains oder durch Verkauf mit der Verpflichtung zur Abtragung ermittelt werden kann — so hätte dieser Werth auch bereits im Moment des Urtheils ermittelt und uns die Verpflichtung auferlegt werden können $^{40}/_{100}$, davon an Basel=Land zu entrichten. Statt dessen überläßt er uns die Festungswerke ohne Entschädigung und stellt es ganz unserem Willen anheim, ob das Miteigenthum von Basel=Land bloß vorübergehend oder aber auf ewig zum „Schlummer" verurtheilt sein soll, denn so lange es uns gefällt, die Festungswerke beizubehalten, hat Basel=Land uns nicht darein zu reden.

Wenn nun gar Herr Rüttimann als Obmann im Schiedsgericht erklärte — und er müßte es ja vermöge unserer Uebereinkunft thun, da Keller es gethan hat — daß der tiefe Schlummer, in den er durch seinen Spruch das Miteigenthum am Basel=Land versenkt habe, erst dann sein Ende erreichen solle, wenn die Festungswerke in „gewöhnliches Staatseigenthum" verwandelt worden seien, so daß die Verwandlung derselben in „nichtgewöhnliches Staatseigenthum", wie z. B. Straßen, öffentliche Plätze, Anlagen, den gesegneten Schlaf jenes Rechts, wenn vielleicht auch etwas stören und beunruhigen, doch in keiner Weise aufheben würde — — dann — nun dann? — ja dann möchte man fragen: wie hätte dieser Obmann, wenn er der abgesagteste Gegner jener Miteigenthumsidee gewesen wäre, anders erkennen können, als er es gethan?

§. 10.

Dritter Einwurf:
Der Urtheilsverfasser konnte die ihm untergelegte Idee des Miteigenthums weder haben, ohne sich selbst zu widersprechen, noch hat er sie gehabt.

Daß Keller, als Urtheilsverfasser, nicht im Entferntesten an die ihm untergelegte Idee gedacht hat, eine Idee, von der er später selber bemerkt hat, daß sie dem Urtheil „nach Dispositiv und Gründen, nach Wort und Sinn vollkommen zuwider" sei (II. 62.), das wird man ihm auch ohne feierliche Versicherung glauben. Denn wie hätte er es gekonnt? Wir haben uns oben (S. 14) schon darüber ausgesprochen, was dies geheißen hätte, und welchen Vorwurf Herr Rüttimann gegen Keller erhoben, indem er ihm diese Idee unterlegt. Letzterer erklärt in den „Erwägungen" ausdrücklich, daß dem Staate an den Gegenständen der zweiten Klasse kein Eigenthum, vielmehr bloß ein „reines Hoheitsrecht" zugeschrieben werden könne und läßt sie „mit allen anderen dem Staat zustehenden Hoheitsrechten von selbst an den betreffenden Canton übergehen."

Mag Herr Rüttimann noch so sehr die Unrichtigkeit dieser Auffassung nachzuweisen im Stande sein, mag er noch so überzeugend ausführen, wie Keller jenes Verhältniß hätte auffassen sollen — die Thatsache, wie er es aufgefaßt hat, wird dadurch doch nicht ungeschehen gemacht. So lange aber ein Mensch, welcher an demselben Verhältniß in einem Athem den Eigenthumsbegriff für unanwendbar, den Miteigenthumsbegriff aber für anwendbar erklärt, nicht für geistesverwirrt gilt — so lange wollen wir zugeben, daß Keller mit dem, was er wirklich gesagt hat, die Idee hat vereinigen können, die Herr Rüttimann ihm unterschiebt. Hatte er dies einmal fertig gebracht, so wird es ihm auch keine Schwierigkeit gemacht haben, einerseits die Festungswerke bis zum Eintritt der Bedingungen in Dispositive 3. von der Theilung auszuschließen, damit also ein Gemeinsamkeitsverhältniß beider Cantone daran zu negiren und anderseits dasselbe, wenn auch nur in „latenter Form", wiederum anzunehmen.

§. 11.

Vierter Einwurf:

Ein Miteigenthum an öffentlichen Gegenständen im Sinn des Herrn Rüttimann ist ein civilistisches Unding.

Prüfen wir jetzt schließlich noch den Begriff eines Miteigenthums an res publicae, den Herr Rüttimann bei dieser Gelegenheit gezwungen gewesen ist ins Dasein zu rufen, so dürfen wir ihm unsere bescheidnen Zweifel und Bedenken hinsichtlich der Lebensfähigkeit dieser Schöpfung nicht vorenthalten, oder minder bescheiden: wir halten dieses Miteigenthum für ein juristisches Unding. Wer sich mit Ausdrücken abfinden läßt, sich mit dem bloßen Schall der Worte begnügt, ohne zu beanspruchen, sich dabei etwas denken zu können, wird an jenem Miteigenthum nicht den geringsten Anstoß nehmen. Wo Eigenthum ist, ist auch Miteigenthum möglich, die res publicae aber stehen nach der Lehre vieler Juristen im Eigenthum des Staats, folglich wird man auch an ihnen ein Miteigenthum annehmen dürfen.

Mit demselben Recht dürfte man auch folgenden Schluß machen: wo ein Eigenthum möglich ist, läßt sich dasselbe auch durch Usucapion und, im Fall der Herrenlosigkeit, auch durch Occupation begründen, folglich auch beim s. g. **literarischen Eigenthum!** Der Fehler dieser beiden Schlußfolgerungen besteht darin, daß man sich durch den bloßen Ausdruck: Eigenthum verleiten läßt. Bilden das s. g. literarische Eigenthum und das Staatseigenthum an den res publicae nichts als zwei gewöhnliche Anwendungsfälle des Eigenthumsbegriffs, so ist jener Schluß richtig; wenn hingegen, wie es wirklich der Fall ist, nur der Ausdruck, nicht der Eigenthumsbegriff selbst auf jene beiden Fälle übertragen worden ist, so wird man keineswegs alle Rechtssätze des Eigenthums unbesehen bei diesem Quasieigenthum zur Anwendung bringen dürfen, vielmehr erst fragen müssen, ob dieselben auch mit der Natur desselben verträglich sind. Diese Frage wollen wir rücksichtlich der **Möglichkeit des Miteigenthums an den res publicae** einer Prüfung unterwerfen.

Der Eigenthumsbegriff ist bekanntlich rücksichtlich der Person seiner Träger keineswegs auf physische Personen beschränkt, vielmehr läßt er auch juristische Personen und insbesondere auch den Staat zu, ohne daß er, obschon in dieser Richtung durch Privilegien bald mehr, bald weniger ausgezeichnet, dadurch in seinem begrifflichen Kern das Geringste einbüßte. Das Staatseigenthum ist ein Eigenthum so gut, wie jedes andere; alle Regeln des Eigenthums, alle Vorgänge und Erscheinungsformen desselben: das Miteigenthum, die Belastung der Sache mit Servituten, die Klagen u. s. w. kommen daher, so weit nicht eine specielle positive Abweichung nachgewiesen werden kann, auch beim Staatseigenthum unverändert zur Anwendung.

Völlig anders verhält es sich aber mit dem Eigenthum, welches neuere Rechtslehrer dem Staat an allen öffentlichen Gegenständen beizulegen pflegen. Der Umstand, daß das römische Recht dasselbe nicht kennt*), muß schon von vornherein gegen dasselbe mißtrauisch machen, denn wenn dasselbe für die rechtliche Structur dieser Sachen nöthig wäre, wie hätte es sich dem scharfen Blick der Römer entziehen können? Es wird gerathen sein, zunächst von der Gestalt auszugehen, die das Verhältniß in der Theorie der römischen Juristen an sich trägt.

Unter öffentlichen Sachen (res publicae) verstehen letztere diejenigen, welche dem öffentlichen Gebrauch gewidmet sind**), also namentlich die öffentlichen Wege, Plätze und Flüsse. Eine genaue juristische Charakteristik derselben würde man vergebens bei ihnen suchen, obgleich die einzelnen Momente dazu zerstreut bei ihnen sich finden. Setzen wir dieselben zusammen, so gewinnen wir zunächst

1) als negatives Charaktermerkmal die Eigenschaft der Sachen als Sachen außer dem Verkehr (res extra commercium). Diese Bezeichnungsweise ist, wenn man den wahren Sinn derselben nicht kennt, leicht im Stande, die falsche Vorstellung hervorzurufen, als ob diese Sachen dem Verkehr nicht dienstbar wären, während sie es ja in Wirklichkeit in ungleich

---

*) Ueber den Gegensatz, in den es diese Sachen zu den Gegenständen des eigentlichen Staatseigenthums stellt, s. außer den Stellen der folgenden Note namentlich L. 2. §. 4., 5. Ne quid in loc. (13. 6).

**) L. 6. pr. de cont. emt. (18. 1) .. loca publica, quae non in pecunia populi, sed in usu publico habentur. L. 72. §. 1. ibid. si res non in usu publico, sed in patrimonio fisci erit, L. 53. §. 5. de V. O. (45. 1) res usibus publicis in perpetuum relicta (als Gegensatz wird hier das reverti in privatos usus genannt) §. 2. I. de inut. stip. (3. 19) res publica, quae usibus populi perpetuo exposita sit.

höherm Maße sind, als irgendwelche andere Sachen — denn welche vermitteln den menschlichen Verkehr mehr, als öffentliche Wege und Flüsse? Unter dem »commercium« verstanden die Römer hier diejenige Form der Verwendung der Sache von Seiten des Menschen, welche den Zweck des Handels und Wandels bildet, d. h. die exclusive Aneignung und Beherrschung derselben, den Eigenthumsbegriff. Jene Sachen sind also dieser exclusiven Aneignung entzogen, alle Rechtsgeschäfte und Acte, die darauf zielen, sind nichtig, und es ist nicht eine äußere, positive Vorschrift, sondern die innerste Natur und Bestimmung der Sachen, welche dies mit sich bringt — ihre äußere Erscheinung enthält einen Protest gegen die Idee der Exclusivität des Privateigenthums und weist sie dem Gemeingebrauch zu. Mit dem letzteren Wort haben wir

2) das positive Moment angegeben, welches die rechtliche Stellung dieser Sachen charakterisirt. Wenn das Eigenthumsobject seine Bestimmung erfüllt in dem Dienst, den es ausschließlich dieser bestimmten einzelnen Person oder diesen bestimmten mehreren Personen (Miteigenthümer) erweist, so finden die res publicae die ihrige in dem Nutzen, den sie, ich will kurz sagen, dem Publikum leisten. Dies Publikum kann ein engeres oder weiteres sein, das einer Stadt oder des Staats, allein in beiden Fällen ist die Zahl der Destinatäre der Sachen (wie ich die Subjecte nenne, für welche sie bestimmt sind) niemals, wie beim Miteigenthum, eine festbegrenzte, sondern eine völlig unbestimmte, stets wechselnde, offene. Gerade hierauf nun, auf dieser Bestimmung der Sachen für eine unbestimmte Vielheit von Personen beruht der juristische Charakter dieser Sachen, und dieselbe Stellung, die der Eigenthümer dem Eigenthumsobject gegenüber einnimmt, behaupten jene Subjecte den öffentlichen Sachen gegenüber. Ihr Verhältniß zu den Sachen ist nicht minder als das Eigenthum ein Recht im subjectiven Sinn — ich pflege dasselbe in meinen Vorlesungen als öffentliches Nutzungsrecht oder Recht des Gemeingebrauchs zu bezeichnen. Die bei ihm vorhandene Abweichung von der Form der Exclusivität des Rechts, welche für alle Rechte des »commercium« die maßgebende ist, berechtigt nicht, ihm die Eigenschaft eines Rechts abzusprechen, man müßte denn von vornherein den Fehler begehen, den Begriff des Rechts mit dem des »commercium« zu identificiren und dabei zu übersehen, daß auch die

Verhältnisse des »extra commercium« des rechtlichen Schutzes bedürfen, ein Bedürfniß, welches das römische Recht vollkommen anerkannt und befriedigt hat. Anstatt den Maßstab des Rechts, wie freilich gewöhnlich geschieht, so beschränkt zu fassen, hat man vielmehr von vornherein zwei Sphären menschlicher Berechtigung, zwei Formen der rechtlichen Unterwerfung der Sachen unter die Zwecke der Menschen zu unterscheiden: die des exclusiven und des allgemeinen Gebrauchs, die des Privateigenthums und des Gemeingebrauchs, und so wenig man jenes nach diesem, hat man dieses nach jenem zu modeln, vielmehr beiden die völlige Freiheit und Selbständigkeit der juristischen Entwicklung ihres Begriffs zuzugestehen.

Den besten Beweis, daß die Römer sich dieser Idee eines Rechts des Gemeingebrauchs sehr wohl bewußt waren, liefern die actiones populares und die sonst zum Schutz desselben bestimmten Klagen. Wie der Eigenthümer durch die rei vindicatio sein Recht, so machte jeder aus dem Kreis, für den die res publicae bestimmt sind, mittelst der actio popularis das seinige geltend.*) Ob man sagen will, er thut es als Vertreter des gesammten Kreises**) oder vermöge eignen Rechts, ist vollkommen gleichgültig — kurz, es spricht sich in der Klage ein subjectives Recht aus.

Geht nun in jenem gemeinschaftlichen Gebrauch die thatsächliche Bestimmung der öffentlichen Sachen auf, und findet letztere in dem Begriff eines allen Einzelnen zustehenden Rechts des Gemeingebrauchs (usus publicus) ihren juristischen Ausdruck, so ist von vornherein schwer begreiflich, was neben und außer diesem Recht noch ein besonderes Recht des Staats — laßen wir einstweilen ganz dahin gestellt, ob es als Eigenthum bezeichnet werden könnte — an ihnen soll. Eine jenem Recht feindliche, dasselbe beschränkende oder gefährdende Richtung wird man demselben nicht einräumen wollen, es bleibt also nur ein Doppeltes übrig: entweder dies Recht des Staats dient bloß dazu, das Recht des Gemeingebrauchs, so zu sagen, juristisch zu

---

*) L. 42. pr. de proc. (3. 3) .. quasi privatae actionis. f. auch L. 3. §. 9. und 12. de sepulc. (17. 12) und vor allem L. 2. §. 2. Ne quid in loc. (13. 8) .. et tantum juris habemus ad obtinendum, quantum quilibet ex populo ad prohibendum habet. arg. L. 6. de pop. act. (47. 23) .. cum ad eos res pertineat. S. über das im Text Gesagte mein Werk über den Geist des R. R. I. S. 157.

**) L. 1. de pop. act. (17. 23).

stützen, zu stärken, es verfolgt durchaus keinen eignen, selbständigen Zweck, und der Staat (als juristische Person gedacht) hat durchaus keinen Nutzen davon, sondern er hat es nur, um auch seinerseits dafür sorgen zu können, daß die Sache ihre Bestimmung erfülle — oder aber dem Staate soll durch dies Recht in rechtlicher Form derjenige Ertrag der Sachen zugewandt werden, der von ihnen nach gemachtem öffentlichen Gebrauch noch übrig bleibt. In der ersteren Richtung ist die Aufstellung eines eignen Rechts des Staats zu diesem Zweck vollkommen überflüssig — dasselbe würde der Staatsbehörde nichts anderes einräumen, als was an sich schon aus ihrer Stellung zu dem Gemeinwesen folgt: die Stellung und die Macht einer Vertreterin der Interessen der Gesammtheit. Wäre zu dem Zweck die Annahme eines eignen Rechts nöthig, so bedürfte es dessen auch beim gewöhnlichen Vormund rücksichtlich der Sachen des Mündels, so bedürfte es dessen auch für den Staat rücksichtlich der Oberaufsicht, die er z. B. über Stiftungen führt — auch bei letzteren handelt es sich ja wie bei jenem Oberaufsichtsrecht über die res publicae um die Interessen unbestimmter Personen. Ein solches Recht des Staats an den res publicae würde also nichts sein, als ein anderer Ausdruck für das Recht des Gemeingebrauchs, es wäre nichts als letzteres in seiner Beziehung zur Staatsbehörde.

In der zweiten Richtung hingegen würde dies Recht allerdings einen selbständigen Inhalt gewinnen. Allein wie unbedeutend würde derselbe sein, da ja der Gemeingebrauch die reale Nutzbarkeit der Sachen regelmäßig so gut wie erschöpft, wie winzig würde es sich jenem gegenüber ausnehmen! Das Gras und die Bäume in den öffentlichen Anlagen und Wegen würden fast die einzigen Objecte des Rechts sein; daß der römische Staat dieses Recht sollte ausgeübt haben, davon ist mir nichts bekannt, und es begreift sich, daß die römische Jurisprudenz es nicht für nöthig fand, ihn in der Theorie mit einem so kümmerlichen Recht zu beschenken.

Immerhin aber wollen wir heutzutage die Schöpfung eines solchen Rechts des Staats verstatten. Wenn man aber zur juristischen Structur desselben den Eigenthumsbegriff verwenden will, so müssen wir dagegen aufs Entschiedenste protestiren. Denn

1) schließt ja das römische Recht, indem es diese Sachen als res extra commercium bezeichnet, den Eigenthumsbegriff vollständig von ihnen aus,

das heißt aber nicht etwa bloß: es kann auf dem Wege der Usucapion kein Eigenthum in der Person von Privatpersonen daran entstehen, sondern es ist überhaupt kein Eigenthum an ihnen möglich, weder zu Gunsten der Personen, für die sie bestimmt sind, noch in der Person des Staats. Es giebt kaum ein ärgeres Mißverständniß des Rechtsverhältnisses dieser Sachen, als wenn man glaubt, die mit dem Begriff res extra commercium gesetzte Negation des Eigenthums kehre sich bloß gegen die Möglichkeit einer Begründung desselben in der Person der Einzelnen, während die Ausschließung dieser Möglichkeit doch nur eine Folge davon ist, daß der Eigenthumsbegriff als die Form der exclusiven Beherrschung der Sachen mit der Qualität derselben als Objecte des Gemeingebrauchs unverträglich ist; diese Unverträglichkeit ist dem Staat gegenüber nicht minder vorhanden, als dem Einzelnen gegenüber.

2. Wie sehr würde durch ein solches Staatseigenthum das *wirkliche* Verhältniß der Berechtigung entstellt und geradezu umgekehrt werden! Innerhalb seiner natürlichen Anwendungssphäre repräsentirt der Eigenthumsbegriff dasjenige Rechtsverhältniß an der Sache, welches dieselbe in ihrer realen Brauchbarkeit und Bestimmung vollständig ergreift und erschöpft, und dem gegenüber die s. g. dinglichen Rechte an fremder Sache sich nur als spätere, zufällige Abänderungen des normalen, ursprünglichen Verhältnisses darstellen. Während nun bei den öffentlichen Sachen die reale Brauchbarkeit der Sachen in dem Gemeingebrauch so gut wie aufgeht, in ihm die eigentliche Bestimmung derselben liegt, würde die Uebertragung des Eigenthumsbegriffs auf den Staat aus dieser Seite des Verhältnisses das Sekundäre, Zufällige, Gleichgültige, dagegen aus jenem höchst dürftigen Recht das Principale, Wesentliche, Entscheidende machen — eine völlige Umkehrung des wirklichen Sachverhalts.

3. Betrachten wir jenes angebliche Eigenthum etwas näher, so bietet uns dasselbe ein bis zur Unkenntlichkeit entstelltes Bild des Eigenthumsbegriffs dar; ein Eigenthum nämlich, das von vornherein nicht sowohl dem Eigenthümer, als einem Anderen zu dienen bestimmt ist — das zwar mitunter einen unbedeutenden Nebenertrag für ihn abzuwerfen vermag, in der Regel aber auch selbst diesen nicht einmal. Diesen regelmäßigen Fall angenommen, so ergiebt sich ein Eigenthum, von dem der Nießbrauch von Anfang an und für

immer getrennt ist, das ist aber ein Eigenthum, welches sich selbst negirt*)! Man mache nicht den Einwand, daß der Staat mittelbar in der Person der Bürger sein Recht ausübe, denn wenn man nicht mit den Begriffen bloß spielen will, so kann man unmöglich, nachdem man es einmal für nöthig gefunden, neben dem Gemeingebrauch noch ein Eigenthum, neben den Einzelnen als Subjecten jenes Recht auch den Staat als Subject dieses Rechts aufzustellen, die beiden Rechtsbegriffe und die Subjecte durch einander werfen. Der Staat als juristische Person ist ein von den Einzelnen völlig verschiedenes Subject, und wenn jene einmal vermöge eigenen Rechts sich der öffentlichen Sachen bedienen, so kann man daraus nicht zugleich ein Recht des Staats machen, und wäre es auch nur zu dem Zweck, um dem hohlen, leeren Eigenthum, mit dem man ihn beschenkt, einen Inhalt zu geben.

Aus dem Bisherigen wird sich so viel ergeben, daß, wenn man von einem Eigenthum des Staats an res publicae sprechen will, dies nur in uneigentlichem Sinn geschehen kann**), und daß man, wenn man unbesehen sämmtliche Eigenthumsgrundsätze auf dasselbe anwenden will, sich darauf gefaßt machen muß, damit ein Resultat zu erzielen, welches mit der Natur des Verhältnisses und der juristischen Logik in unversöhnlichen Gegensatz tritt. Als ein solches Resultat muß ich das von Herrn Rüttimann in diesen Sachen für möglich gehaltene Miteigenthum erklären. Ich kann mir ein Gemeinschaftsverhältniß zweier Staaten oder Städte an einer res publica denken, z. B. an einem gemeinsamen Fluß, einem gemeinsamen Platz, und ich habe gar nichts dagegen, daß der, welcher einmal das Recht des Staats an den res publicae als Eigenthum bezeichnet, hier consequenterweise von einem Miteigenthum beider Staaten spreche. Allein dies Miteigenthum hat hier die Gemeinsamkeit des Gemeingebrauchs zu seiner Grundlage, die Angehörigen beider Staaten dürfen den Fluß befahren, die Bürger beider Städte den Platz benutzen. Ein Miteigenthum aber zweier Staaten an res

---

*) l.. 50. de usufr. (7. 1) . . proprietas inutilis esset futura semper abcedente usufructu.

**) Ob der Umstand, auf den Herr Rüttimann (II. 49) ein so großes Gewicht zu legen scheint, daß nämlich die res publicae aus res fiscales entstanden seien (s. oben S. 22), die daran geknüpfte Schlußfolgerung rechtfertige, daß das fiskalische Eigenthum als latentes an ihnen fortdauerte, darf ich dem Bisherigen nach unerörtert lassen.

publicae ohne den entsprechenden gemeinsamen Gemeingebrauch der Angehörigen beider Staaten — — das ist für mich eine geradezu unfaßbare Idee!

Das Eigenthum des Staats oder der Stadt an den res publicae ist
nur die Rückseite des Gemeingebrauchs — steht letzterer den Angehörigen
des Staats zu, so schreiben wir dem Staat, steht er den Einwohnern
einer Stadt zu, so schreiben wir der Stadt das Eigenthum an den betreffenden res publicae zu. Beides — Gemeingebrauch und Eigenthum — sind
ungetrennt und gehen in dem Maße Hand in Hand miteinander, daß das
bloße Dasein der res publica als solches mit Nothwendigkeit jene
Beziehung derselben zu dem betreffenden Staat in sich schließt, der man den
Namen Eigenthum gegeben hat. Dies Eigenthum ist also nicht, wie das
wirkliche, etwas Zufälliges oder Freies, das erst durch einen Willensact er-
worben werden müßte, und folglich auch durch einen Willensact wiederum
verdußert werden könnte, sondern es ist etwas Nothwendiges, das überall
sich von selbst wiederholt, wo eine res publica sich findet, und das also der
Staat eben so wenig ganz aufgeben, sei es verkaufen, sei es derelinquiren,
als zum Theil auf einen Anderen übertragen kann. Was der Staat vermag, ist: die res publicae selber verkaufen, sie also zu res privatae machen,
aber was er nicht kann — wenigstens so lange die bisherigen Gesetze des
Denkens dieselben bleiben — ist: sie als res publicae bestehen lassen und
daneben in sein Eigenthum sich einen Compagnon aufnehmen. Das alt-
römische Recht gab dem Vater gegen seine Kinder die größte Gewalt, aber
einen Vater, der sich einen Mitvater hätte zur Seite stellen wollen, würde
man für toll erklärt haben — bei der Vaterschaft ist die Theilung ein Unding! Dasselbe behaupte ich von jenem Eigenthum des Staats an res publicae, und ich finde die Idee einer Theilung desselben um nichts besser, als
wenn Jemand, der einen Apfelbaum im Eigenthum hat, an den daran hän-
genden Aepfeln einem Anderen Miteigenthum bestellen wollte, ohne ihm zugleich Miteigenthum am Baum zu geben. Dasselbe Rechtsverhältniß, das am
Baum Statt findet, gilt nothwendigerweise auch für die Aepfel*), in demselben Maße, in dem Jemand an jenem Miteigenthum hat, hat er es auch
an diesen — eine Verschiedenheit der rechtlichen Beziehung zu beiden ist un-

---

*) L. 40. de act. emt. (19, 1).

denkbar. Vermeidet man nur den irre führenden Ausdruck: Staatseigenthum und gebraucht dafür den: rechtliche Beziehung des Staats (oder der Stadt) zu den für den Gemeingebrauch seiner (oder ihrer) Angehörigen bestimmten res publicae, so wird kein Mensch auf den Gedanken kommen, daß diese rechtliche Beziehung halbirt und auf ein anderes Subject — Staat oder Privatperson — übertragen werden könne*).

Ob nun die Festungswerke von dem Schiedsgericht mit Recht zu den res publicae gestellt worden sind, können wir auf sich beruhen lassen, obschon wir die Frage aus demselben Grund bejahen würden, wie bei Dämmen und Deichen; jene sowohl wie diese enthalten Schutzanstalten, die einen gegen den Feind, die anderen gegen das Wasser, und zwar Schutzanstalten, welche nicht dem Staat als juristischer Person, sondern den Individuen zu gute kommen. Aber, wie gesagt: ob mit Recht oder Unrecht? kurzum, die Festungswerke sind einmal in dem Urtheil für res publicae erklärt worden, und es hat das Urtheil zum Ueberfluß auch die so eben von uns entwickelte rechtliche Beziehung des Staats zu ihnen anerkannt, indem es ausspricht, daß sie „von selbst an denjenigen Theil übergehen, in dessen Gebiet sie sich befinden". Daraus ergiebt sich denn von selbst, daß das Urtheil für die Festungswerke ein Verhältniß nicht statuiren konnte, das für die Klasse von Gegenständen, zu der es dieselben rechnet, eine logische Unmöglichkeit enthält.

§. 12.
Gesammtresultat.

Fassen wir schließlich das Resultat unserer ganzen Erörterung in einige Sätze zusammen, so geht unsere rechtliche Ansicht dahin:

1) Das Schiedsgericht hat die Festungswerke in die von ihm aufgestellte Klasse von Gegenständen gewiesen, es kommen mithin für dieselben, so lange sie in dieser Klasse verbleiben, ganz die für letztere geltenden Grundsätze zur Anwendung;

---

*) Es läßt sich hier anwenden, was Gajus III. 194. sagt: neque enim lex facere potest, ut qui manifestus fur non sit, manifestus sit, und derselbe in L. 2. §. 1. de usufr. ear. (7. 5) . . nec enim naturalis ratio auctoritate senatus commutari potuit.

2) sie bleiben aber in dieser Klasse, auch wenn sie in andere öffentliche Sachen, z. B. Straßen, öffentliche Plätze, Anlagen, verwandelt werden, einerlei, ob letztere für den Canton Basel-Stadt oder für die Stadt Basel bestimmt sind;

3) so lange sie darin bleiben, ist das freie Verfügungsrecht des Cantons Basel-Stadt durch die Expectanz von Basel-Land in keiner Weise beeinträchtigt, und dies gilt auch für den Fall, daß die Umwandlung derselben in gewöhnliche Eigenthumsgegenstände zwar bereits beschlossen und in Angriff genommen, aber noch nicht ausgeführt und vollendet worden ist und zwar in dem Maße, daß die Entscheidung darüber, in welcher Weise diese Umwandlung bewerkstelligt werden soll, in welcher Zeit, in welcher Form, mit welchen Mitteln, und ob die Arbeiten etwa wieder sistirt werden sollen, sei es vorübergehend oder auf immer, lediglich der Regierung von Basel-Stadt zusteht ohne jegliches Einspruchsrecht von Basel-Land;

4) daß der Anspruch von Basel-Land, welcher als ein bedingt-obligatorischer aufzufassen ist, erst ins Leben tritt, wenn folgende drei im Urtheil des Schiedsgerichts angegebenen Bedingungen eingetreten sind:

    a. wenn die Schleifung der Festungswerke durch die zuständige Behörde verfügt worden ist,

    b. aus dem Grund und Boden der Festungswerke „gewöhnliche Vermögensstücke", „wirkliches Staatsvermögen" gewonnen sind,

    c. der Bruttowerth des gewonnenen Terrains die Gewinnungskosten übersteigt.

Gießen, 15. Januar 1862.

Dr. **Rudolf Ihering.**

Anhang.

Urtheil des Schiedsgerichtes

vom 19. November 1833.

Urtheil des Schiedsgerichtes
vom 19. November 1833.

In Sachen u. s. w. hat das Schiedsgericht über die Rechtsfrage:

Ob und inwiefern die um die Stadt Basel befindlichen Festungswerke, Schanzen, Graben und Zubehörde zu dem in Theilung fallenden Staatsvermögen gehören, und dem diesfälligen Inventar einzuverleiben seien?

nach Anhörung der beiderseitigen Vorträge und Prüfung der eingelegten Acten

und in Erwägung:

1) daß unter den Gegenständen, über welche dem Staat das Recht der Verfügung und des Gebrauchs zukommt, ein wesentlicher Unterschied besteht zwischen solchen, welche als **einfaches fiskalisches Eigenthum** erscheinen, und in dieser Eigenschaft gleich jedem Privat-Eigenthum dem bürgerlichen Verkehr unterliegen, oder desselben wenigstens fähig sind, — und solchen, welche nach Wesen und Individualität in Rücksicht auf Verfügung, Veräußerung, Nutzung, kurz in jeder Beziehung dem bürgerlichen Verkehr entzogen und desselben unfähig sind, und nur durch Aufhebung ihres Wesens und ihrer Individualität zum Gegenstande desselben werden können; —

2) daß in die erstere Klasse z. B. das dem Staat gehörende baare Geld und alle anderen gewöhnlichen Vermögensstücke, in die zweite dagegen anerkannter Maßen und nach allgemeiner Ansicht z. B. die öffentlichen Gewässer, Straßen, Brücken u. dgl. gehören; —

3) daß nun dem eigentlichen Eigenthum oder Vermögen des Staates bloß die Gegenstände der ersten Art beigezählt werden können, bei denjenigen der letzteren hingegen sich das Recht des Staates vielmehr zu einem reinen Hoheitsrecht gestaltet; —

4) daß sonach da, wo es sich um eine **Theilung des Staatsvermögens**, als welche ihrer allgemeinen rechtlichen Natur nach selbst eine Handlung des bürgerlichen Verkehrs ist, handelt, einzig die Gegenstände der ersteren Klasse in Anschlag kommen dürfen, wogegen die letzteren mit allen anderen dem Staat zustehenden Hoheitsrechten **von selbst und ohne weder einer Schatzung noch einem sonstigen** Act des Theilungsverkehrs zu unterliegen, **an denjenigen Theil, in dessen Gebiet sie sich befinden, übergehen;** —

5) daß nun **Schanzen und andere Festungswerke** der Hauptsache nach in die zweite der angeführten Klassen gehören, indem sie, ohne ihre ganze Natur und Wesen, wonach sie zunächst zum Schutz der anliegenden Oertlichkeit bestimmt sind, abzulegen, nicht als Gegenstand des bürgerlichen Verkehrs weder in Beziehung auf Theilung, noch auf anderweitige Veräußerung, noch auf Benutzung, gedacht, folglich auch nicht in einem Tausch- oder Geldwerth ausgedrückt werden können; —

6) daß diese rechtliche Natur der Festungswerke sich auch durch den Umstand, daß dieselben ganz oder theilweise durch den **gesammten Canton Basel**, mithin auch durch Beiträge der Landschaft errichtet und unterhalten wurden, um so weniger ändert, als selbst bei den **anerkannten Theilungs-Objekten** die Art ihrer Entstehung und das Verhältniß der von dem einen oder anderen der jetzigen Cantonstheile geleisteten Beiträge laut früheren Urtheilen außer alle Berücksichtigung fällt; —

7) daß aber die im Streit liegenden Festungswerke, wenn gleich nicht in der Hauptsache, doch auf untergeordnete Weise, in einer gedoppelten Beziehung auf den bürgerlichen Verkehr gedacht, und insoweit auch bei der Aufzählung und Theilung des Staatsvermögens in eine gewisse Berücksichtigung gezogen werden müssen, indem namentlich

    a. es möglich und wirklich der Fall ist, daß einzelne Theile der Schanzen, Gräben u. dergl., unbeschadet ihrer wesentlichen Bestimmung und unabhängig von derselben, einen gewöhnlichen Ertrag und Nutzen, ähnlich ordentlichen Vermögensstücken abwerfen, und so eines gewissen privatrechtlichen Verkehrs fähig werden;

b. es nicht bloß als denkbar, sondern nach vielfachen Erfahrungen der neueren Zeit als eine naheliegende Möglichkeit erscheint, daß Festungswerke geschleift, und die dazu gewidmeten Grundstücke in gewöhnliche Vermögensstücke verwandelt, und zum Gegenstand des bürgerlichen Verkehrs gemacht werden; —

8) daß nun in der ersteren Beziehung (litt. a) der fragliche Ertrag nach seinem Durchschnittswerth geschätzt, und in einem Kapitalbetrag oder sonst dem Inventar als Gegenstand der Theilung einverleibt werden muß, wobei wohl solche Unkosten, welche allfällig für wirkliche Hervorbringung und Perception jenes Nutzens besonders erlaufen, nicht aber diejenigen, welche die allgemeine Erhaltung der Festungswerke in dem für ihre Hauptbestimmung erforderlichen Zustand mit sich bringt, in Abrechnung fallen; —

9) daß in der zweiten Rücksicht (litt. b) zwar einerseits die bezeichnete Möglichkeit des Uebergangs in wirkliches Staatsvermögen im Ganzen näher als bei anderen dem Verkehr entzogenen Gegenständen liegt, sonach dieselbe bei der gegenwärtigen Theilung allerdings nicht außer Acht gelassen werden darf, anderseits aber es nach der gegenwärtigen Lage der Acten durchaus unmöglich ist, den Grad der Wahrscheinlichkeit jener Veränderung so zu berechnen, daß daraus ein bestimmtes, in einem Geldwerth auszudrückendes Resultat gezogen werden könnte; —

10) daß folglich in dieser Beziehung nichts anderes übrig bleibt, als dem Canton Basel-Landschaft auf jenen möglichen Fall hin seine Rechte so, wie wenn derselbe schon jetzt eingetreten wäre, vorzubehalten; es wäre denn, daß die Parteien sich diesfalls schon jetzt anderweitig verständigen könnten; —

11) daß endlich die in dem Obigen ausgesprochenen Ansichten sowohl mit der Aussteuerungsurkunde von 1803 als mit dem Tagsatzungsbeschluß vom 26. August 1833 in völligem Einklang stehen, indem namentlich die erstere nach ihrer ganzen Fassung die Verfügung über die Festungswerke mit der Pflicht der Unterhaltung derselben der Re-

gierung von Basel keineswegs als ein Vermögensrecht des Staates zutheilte, sondern dabei vielmehr von der Ansicht ausging, es könne mit Beziehung auf eine Militär-Anstalt dieser Art Beides nicht den Municipal-Behörden, sondern nur der Landesregierung, in deren Kreis sie sich befindet, zustehen: —

bei getheilten Stimmen der Schiedsrichter durch Entscheid des Obmanns erkannt:

1) Es stehe die Verfügung über die fraglichen Festungswerke fortan einzig dem Canton Basel-Stadttheil zu, und seien dieselben sonach ihrer Substanz nach von dem Inventar des in Theilung fallenden Staatsvermögens ausgeschlossen;

2) Sei der in Erwägung 7. und 8. erwähnte Ertrag abzuschätzen und auf das Inventar zu tragen, wobei über Umfang und Berechnung desselben allfällig weitere Parteiverhandlungen Statt finden mögen;

3) Sei auf den Fall, daß durch die zuständige Behörde des Cantons Basel-Stadttheil die Schleifung der Festungswerke verfügt, und dadurch nach Abzug der Kosten wirkliches Staatsvermögen begründet werden sollte, dem Canton Basel-Landschaft sein Recht, daran in gleichem Verhältniß, wie bei der gegenwärtigen Theilung des Staatsgutes, Antheil zu nehmen, vorbehalten, es wäre denn, daß sich die Parteien diesfalls schon jetzt durch freiwilliges Einverständniß abfinden würden;

4) Sei dieses Urtheil beiden Parteien in schriftlicher Ausfertigung mitzutheilen.